FORMAÇÃO DOCENTE, PESQUISA E EXTENSÃO
NO **CAP UFRJ**

FORMAÇÃO DOCENTE, PESQUISA E EXTENSÃO NO **CAP UFRJ**

ENTRE TRADIÇÕES E INVENÇÕES

ORGANIZADORAS

MARIANA LIMA VILELA
GRAÇA REGINA FRANCO DA SILVA REIS
CARLA MENDES MACIEL

FAPERJ
Fundação Carlos Chagas Filho de Amparo
à Pesquisa do Estado do Rio de Janeiro

FGV EDITORA

Copyright © 2014 Mariana Lima Vilela, Graça Regina Franco da Silva Reis e Carla Mendes Maciel

Direitos desta edição reservados à
Editora FGV
Rua Jornalista Orlando Dantas, 37
22231-010 | Rio de Janeiro, RJ | Brasil
Tels.: 0800-021-7777 | 21-3799-4427
Fax: 21-3799-4430
editora@fgv.br | pedidoseditora@fgv.br
www.fgv.br/editora

Impresso no Brasil | *Printed in Brazil*

Todos os direitos reservados. A reprodução não autorizada desta publicação, no todo ou em parte, constitui violação do copyright (Lei nº 9.610/98).

Os conceitos emitidos neste livro são de inteira responsabilidade do(s) autor(es).

Este livro foi editado segundo as normas do Acordo Ortográfico da Língua Portuguesa, aprovado pelo Decreto Legsilativo nº 54, de 18 de abril de 1995, e promulgado pelo Decreto nº 6.583, de 29 de setembro de 2008.

1ª edição – 2014

Copidesque: Fernanda Mello
Revisão: Laura Zúñiga e Déborah Vasconcelos
Projeto gráfico de miolo e capa: Ilustrarte Design e Produção Editorial
Imagem da capa:

Ficha catalográfica elaborada pela Biblioteca Mario Henrique Simonsen/FGV

Formação docente, pesquisa e extensão no Cap UFRJ : entre tradições e invenções / Organizadoras Mariana Lima Vilela, Graça Regina Franco da Silva Reis e Carla Mendes Maciel. – (Organizadores). – Rio de Janeiro: Editora FGV, 2014.
   200 p.

   Inclui bibliografia.
   ISBN: 978-85-225-1488-5

   1. Universidade Federal do Rio de Janeiro. Colégio de Aplicação. 2. Professores – Formação. I. Vilela, Mariana Lima. II. Reis, Graça Regina Franco da Silva. III. Maciel, Carla Mendes. IV. Fundação Getulio Vargas.

CDD – 370.71

Dedicamos este livro a todos aqueles que lutam pela educação pública brasileira.

Sumário

ENTRE TRADIÇÕES E INVENÇÕES   9
Graça Regina Franco da Silva Reis, Mariana Lima Vilela e Carla Mendes Maciel

CONVERSAS ENTRE PROFESSORES: A PRÁTICA COMO PONTO DE ENCONTRO, UMA PARCERIA CAP UFRJ E SECRETARIA DE EDUCAÇÃO DO MUNICÍPIO DE QUEIMADOS   21
Graça Regina Franco da Silva Reis

PROJETO "TOQUE... E SE TOQUE!" A CONSTRUÇÃO DA IDENTIDADE DE COMUNIDADES POPULARES A PARTIR DO APRENDIZADO EM MÚSICA   49
Maria Alice da Silva Ramos Sena

FORMAÇÃO DOCENTE EM CIÊNCIAS BIOLÓGICAS NO CAP UFRJ: REFLETINDO SOBRE TRADIÇÕES E INOVAÇÕES   65
Carla Mendes Maciel, Filipe Silva Porto, Isabel Victória Lima, Maria Matos, Mariana Lima Vilela e Natalia Rios

REPENSANDO A EDUCAÇÃO AMBIENTAL NO CONTEXTO DA PRÁTICA PEDAGÓGICA: A EXPERIÊNCIA DE UMA PROPOSTA DE CONSTRUÇÃO COLETIVA DE PROJETOS TRANSDISCIPLINARES   81
Vânia Nunes Morgado e Maria Naíse de Oliveira Peixoto

ENSINO, SIM. PESQUISA E EXTENSÃO, COMO ASSIM?   99
Fernando Celso Villar Marinho

DESAPRENDIZAGENS COM O CINEMA 119
    Adriana Fresquet e Márcia Xavier

CULTURA "AUDIOVISUAL" E A FORMAÇÃO
    DO PROFESSOR DE ARTE 139
    Maria Cristina Miranda da Silva

QUEM SÃO OS OUTROS QUE AGORA FAZEM HISTÓRIA
    NO CENTRO DE EXCELÊNCIA? REFLEXÕES E DESAFIOS
    PARA A FORMAÇÃO DOCENTE 159
    Adriana Barbosa Soares e Sandra Amaral Barros Ferreira

OFICINAS DE FORMAÇÃO INICIAL DOCENTE
    EM CIÊNCIAS E BIOLOGIA: UMA EXPERIÊNCIA
    NO "PRODOCÊNCIA" — UFRJ 183
    Marcia Serra Ferreira, Mariana Lima Vilela, Mariana Cassab,
    Maria Margarida Gomes e Téo Bueno de Abreu

SOBRE OS AUTORES 193

Entre tradições e invenções

Graça Regina Franco da Silva Reis
Mariana Lima Vilela
Carla Mendes Maciel

> *Parece que a escola do século XXI ainda se mantém como uma instituição central na vida das sociedades e das pessoas. [...] Ela certamente não é de um único jeito, não toma uma só forma. Ela própria já começa a se reconhecer como território da diversidade, contorcionista da incerteza, prisioneira dos poderes que a dobram. Mas uma escola que fala a língua do seu tempoespaço poderia continuar fazendo a diferença no processo de socialização e educação dos humanos* [Costa, 2003:22].

O Colégio de Aplicação da Universidade Federal do Rio de Janeiro (CAp UFRJ) nasceu em 1948 com o objetivo de ser campo de formação de professores. Em torno desse propósito estruturaram-se suas atividades, e o colégio tornou-se um espaço de educação diferenciada, onde o que mais importa é a experiência de como ensinar. Suas práticas "experimentais" desenvolvem-se no campo de estágio dos cursos de graduação, embora também seja identificado como espaço de investimento na formação dos próprios professores. Práticas consideradas inovadoras dão o tom do que é a escola, caracterizada como espaço de experimentação pedagógica e campo de formação para futuros professores (Frangella, 2002).

Desde a sua fundação, o CAp atua na formação de professores do ensino básico, atendendo a cerca de 400 licenciandos de diferentes áreas relativas a mais de 18 cursos de graduação da universidade. Nesses mais de 65 anos de existência, o CAp UFRJ consolidou sua posição como campo de estágio, e, como visto, é identificado pela sociedade e nas pesquisas acadêmicas como um local de desenvolvimento e experimentação de práticas pedagógicas em que, paralelamente, se estabelece uma permanente interlocução com o ensino superior. Assim, as práticas desenvolvidas no CAp assumem um caráter de integração entre a educação básica e o ensino superior, que se influenciam mutuamente. As propostas pedagógicas desenvolvidas são permanentemente negociadas e estão em constante (re)significação nesse espaço integrador.

Desempenhando sua função acadêmica e institucional de acordo com os preceitos institucionais de ensino, pesquisa e extensão, nas últimas duas décadas, o CAp vem agregando ao projeto político-pedagógico diferentes atividades, que têm como objetivo a produção de materiais didáticos, metodologias e práticas pedagógicas e a formação de professores. Atualmente, o colégio, que conta com a participação de bolsistas, tem cerca de 40 graduandos, bolsistas de iniciação artística e cultural e de extensão nos projetos coordenados pelo corpo docente.[1]

Embora distintas nas abordagens sobre a formação docente, as atividades acadêmicas do CAp enredam relações entre alunos do ensino básico, professores do colégio, alunos de graduação e professores de outras unidades da UFRJ. Nessas relações são construídas intervenções capazes de proporcionar reflexões e redefinições de conceitos, trazendo para a prática a possibilidade de

---

[1] Fonte: Projeto 60 anos de sonhos e realizações: homenagem ao CAp UFRJ.

que aconteça um permanente (re)fazimento no que diz respeito a todos os professores envolvidos no processo. Essa contribuição ocorre tanto na formação inicial, proporcionando aos futuros professores uma formação com atitudes mais investigativas, a partir das experiências da prática, e estabelecendo uma base para sua futura atuação, quanto para os professores em exercício, que podem continuadamente refletir acerca da prática cotidiana.

Frente à diversidade de ações de formação de professores, pesquisa e extensão, interrogar a educação, a escola que temos e a escola que queremos tem sido uma prática constante em nosso cotidiano de professores e professoras do CAp UFRJ. Estamos sempre em movimento, discutindo e (re)avaliando nossos fazeres como professores de educação básica, assim como nosso papel como formadores junto à licenciatura e à prática de ensino da UFRJ. Neste caminho, também nos formamos em nossos cursos de pós-graduação e na reelaboração cotidiana de nossas práticas pedagógicas.

Percebemos que, para além da formação inicial, nosso papel na formação continuada de professores tem se configurado como outro espaço de atuação, que nos permite compartilhar e adquirir experiências. Nossa escola vem se repensando, inventando práticas de pesquisa, formação e extensão, e produzindo conhecimentos que apontam para a democratização do bem público universitário (Santos, 2004). Isto é, vem se configurando em faces diversas que, no conjunto, operam na contribuição que podemos dar coletivamente na busca de novos caminhos possíveis para se pensar a educação neste país.

Observamos também que, ao longo de sua trajetória, o CAp UFRJ ampliou sua função original (campo de estágio) à medida que o corpo docente progressivamente estabeleceu diálogos com os demais atores da formação docente, tanto na própria UFRJ quanto em outras instituições de ensino básico e superior. Além disso, o corpo docente do colégio também vem se qualificando, mantendo vínculos com outros espaços institucionais acadêmicos e criando projetos de pesquisa e extensão. Assim, o CAp UFRJ, por um lado, mantém a atuação em espaços tradicionais da formação docente — as práticas de ensino e estágios supervisionados nos cursos de graduação — e, por outro, inventa novas formas e cria outros espaços de atuação, por meio da pesquisa e da extensão, que dialogam tanto com a formação inicial e continuada de docentes quanto com a educação básica.

Neste livro, apresentamos textos sobre atividades acadêmicas desenvolvidas no CAp UFRJ que expressam, ao mesmo tempo, a afirmação de *tradições*[2] e o movimento de nossas *invenções*[3] em formação docente, pesquisa e extensão. Os referenciais incorporados aos textos que fazem parte deste livro buscam a superação no que tange a outras maneiras de pensar a formação — muitas vezes estáticas, pensadas numa relação vertical, onde um "ensina o que o outro deve saber" —, pois visam pensar as identidades docentes sendo formadas e transformadas continuamente (Hall, 2005). Sendo um espaço de diálogo entre múltiplos atores, o CAp caracteriza-se como um espaço-tempo formador sem fronteiras demarcadas, permitindo uma movimentação dinâmica e uma busca permanente. Nesse processo produzem-se e concebem-se

---

[2] Chamamos de *tradições* as atividades acadêmicas desenvolvidas no colégio desde a sua criação, quais sejam, aquelas ligadas à formação inicial de professores em que o papel do CAp é o de campo de estágio curricular de alunos dos cursos de graduação da UFRJ.

[3] Neste texto consideramos *invenções* as diversas atividades acadêmicas que vêm sendo desenvolvidas no colégio que vão além de seu funcionamento como campo de estágio.

docentes em formação, afetando cotidianamente a produção dos currículos da educação básica e da própria formação docente.

Assim, a formação de professores, no contexto dos trabalhos aqui apresentados, está para além do que Larrosa (2004) denomina informação, algo que se passa, cancelando nossas possibilidades de experiência. Ao contrário, está no campo da experiência, proporcionando a todos os envolvidos relações de interconhecimento (Santos, 2010), tornando cada vivência e encontro um *acontecimento* (Deleuze, 1969).

> Do ponto de vista da experiência, o importante não é nem a posição (nossa maneira de pormos), nem a "o-posição" (nossa maneira de opormos), nem a "imposição" (nossa maneira de impormos), nem a "proposição" (nossa maneira de propormos), mas a "exposição", nossa maneira de "ex-pormos", com tudo o que isso tem de vulnerabilidade e de risco. Por isso é incapaz de experiência aquele que se põe, ou se opõe, ou se impõe, ou se propõe, mas não se "ex-põe" (Larrosa, 2002:25).

Reconhecemos ainda, ao lado de Alves (2002), a multiplicidade de contextos em que a formação docente se constrói: da formação acadêmica, das propostas oficiais, das práticas pedagógicas cotidianas, das culturas vividas e das pesquisas em educação (p. 18). Trazemos especificamente, por meio dos textos aqui presentes, o diálogo no campo da formação de professores, em suas relações com a escola básica, não apenas no âmbito das licenciaturas, mas também em recentes experiências de formação continuada. Nestas o CAp vem se inventando e construindo um espaço no qual se entende a formação a partir de uma relação permanente e estreita entre a teoria e a prática, criando um movimento prática--teoria-prática (Alves, 2000).

Cada trabalho aqui apresentado tem uma abordagem diferente e reflete diversas relações com a formação docente, seja no âmbito das práticas mais tradicionais,[4] junto aos cursos de graduação da UFRJ, seja na invenção de outras formas de atuação materializadas em atividades de pesquisa e extensão em diálogo com a formação continuada. O fio que reúne os autores deste livro em suas diferentes propostas de trabalhar com a formação de professores, pesquisa e extensão é, acima de tudo, a "atitude" político-epistemológica que traz para o centro dos trabalhos apresentados os sujeitos como protagonistas.

A multiplicidade de vozes e consciências independentes e imiscíveis e a autêntica polifonia de vozes plenivalentes (Bakhtin, 2008) estão presentes nos capítulos deste livro, formando um tecido complexo e rico de diferentes abordagens sobre as atividades acadêmicas que se materializam nas ações docentes do CAp UFRJ.

O texto de Graça Reis apresenta o projeto de pesquisa e extensão "Conversas entre professores: a prática como ponto de encontro, outra forma de pensar a formação e os currículos praticados", realizado no município de Queimados, Rio de Janeiro, que trabalha com a formação continuada a partir da troca de experiências e das escritas de si mesmo, entendendo que estes podem ser elementos potentes para que se possa compreender a tessitura entre experiência e produção de subjetividades, o que vem sendo denominado pelos sujeitos da pesquisa de "formação cotidiana". Mostra a trajetória do projeto entrelaçada a algumas questões que têm sido levantadas e discutidas no processo, por meio do diálogo entre as professoras da pesquisa e o referencial teórico que embasa o trabalho, por meio das noções de sociologia das ausências e

---

[4] Tradicional no sentido da atuação como campo de estágio na formação inicial, identificada com a função original dos colégios de aplicação.

das emergências (Santos, 2005), currículos praticados (Oliveira, 2003) e formação como espaços-tempo múltiplos (Alves, 2002), preocupando-se com a desinvisibilização de processos produzidos historicamente nas escolas e as "artimanhas" cotidianas tecidas na busca de problematizar e desnaturalizar o que parece natural nas relações cotidianas das/nas escolas.

Maria Alice Senna parte da consideração de que a identidade é construída no cotejamento pelos indivíduos entre sua subjetividade e a objetividade contextual, e apresenta o projeto "Toque... e se toque!" de ensino/aprendizagem de música que se desenvolve com crianças, jovens e adultos no município de Mesquita (RJ). O trabalho é realizado em parceria com estudantes do Curso de Graduação em Licenciatura em Música da UFRJ, a partir da contribuição de Vygotsky (2000), com seus conceitos sobre mediação simbólica e zona de desenvolvimento proximal, propiciando aos futuros professores a vivência dos entendimentos musicais do cotidiano e a elaboração da sua práxis em sala de aula.

Reconhecendo a formação de professores como território contestado (Monteiro, 2005) e situando-se nas transformações históricas da função social dos colégios de aplicação na educação brasileira, docentes do Setor Curricular de Ciências Biológicas do CAp apresentam as diferentes atividades nele desenvolvidas, tanto no âmbito da prática de ensino da licenciatura quanto nas mais recentes atividades de extensão e formação continuada. Carla Mendes Maciel, Filipe Silva Porto, Isabel Victória Lima, Maria Matos, Mariana Lima Vilela e Natalia Rios apresentam reflexões sobre sua atuação na formação de professores de ciências biológicas na UFRJ, sugerindo que suas ações têm contribuído valiosamente para a edificação de espaços de integração entre a vivência das mediações particulares da escola e os conhecimentos teóricos da formação, superando ações de formação meramente baseados nos conteúdos de suas disciplinas de referência que seriam supostamente aplicados na escola. No que se refere às transformações da função original do CAp na formação docente, identificam que o fortalecimento da coletividade e a valorização da autonomia docente desenvolvidos no âmbito da formação inicial vêm sendo progressivamente partilhados nas experiências institucionais de formação continuada.

Ao descreverem o projeto de extensão e pesquisa conduzido pelo CAp UFRJ, em parceria com o Departamento de Geografia e desenvolvido nas escolas municipais de Volta Redonda, Rio de Janeiro, Vânia Nunes Morgado e Maria Naíse de Oliveira Peixoto apresentam uma sólida discussão sobre a educação ambiental nas escolas públicas. Entendendo a escola como um espaço de pluralidade cultural, as autoras apresentam um relato reflexivo das atividades de educação ambiental desenvolvidas no âmbito do projeto, mostrando que a articulação entre os saberes escolares ligados às experiências e práticas docentes e aos saberes acadêmicos tem papel decisivo na construção de bases fundamentais para o atendimento dos novos desafios colocados para o professor no contexto das fortes demandas sociais e ambientais.

Fernando Marinho propõe reflexões sobre o fazer docente no CAp UFRJ, isto é, as atividades acadêmico-profissionais de um professor em uma escola universitária estruturada a partir do princípio de indissociabilidade entre ensino, pesquisa e extensão. Defende a constituição da identidade do professor do CAp UFRJ a partir da comunidade de prática e da investigação sobre a prática profissional (Ponte, 2002). Apresenta exemplos de atividades de pesquisa e extensão desenvolvidas por professores de matemática do CAp UFRJ, e destes em parceria com pesquisadores de outras unidades acadêmicas e outras instituições. Os exemplos evidenciam o alcance e a repercussão de tais atividades.

O projeto "Cinead" é descrito cuidadosamente e nos leva a refletir sobre a possibilidade de explorar o cinema na formação em diversos cenários. Adriana Fresquet e Márcia Xavier relatam um pouco da história do projeto "Cinema para aprender e desaprender", que inclui atividades de pesquisa, ensino e extensão. Nesse projeto, são criados espaços em que licenciandos, alunos da graduação, professores da rede pública, alunos do ensino básico e professores de diferentes unidades da UFRJ transitam e fazem dialogar seus diversos saberes. Com referências na psicanálise em diálogo com múltiplas teorias de cinema, as autoras nos mostram que é possível pensar a formação de professores e alunos da educação básica buscando a construção de um espaço amplo de diálogo de saberes e fazeres diversos.

Maria Cristina Miranda da Silva apresenta algumas questões baseadas em experiências investigativas no campo da cultura visual e do ensino da arte na formação de professores de arte, no âmbito do projeto "Meios de comunicação audiovisuais, novas tecnologias e educação" desenvolvido no Setor Curricular de Artes Visuais do CAp UFRJ. O texto expressa a valorização da pesquisa e a experimentação de técnicas e materiais para a produção de manifestações expressivas, seja no campo da fotografia, cinema ou animação, e promove a reflexão sobre a utilização das novas tecnologias e das imagens produzidas pelos meios de comunicação de massa. O envolvimento de licenciandos nas atividades do setor e no projeto são marcantes na formação pedagógica, em especial no que diz respeito à cultura "audiovisual" e ao ensino de arte.

No capítulo "Quem são os outros que agora fazem história no centro de excelência? Reflexões e desafios para a formação docente", Adriana Barbosa Soares e Sandra Amaral Barros Ferreira refletem sobre a diferença cultural nas escolas — que se afirma, discrimina, diz quem é capaz, institui modos de pensar, agir, ser e estar. Assim, os diferentes são considerados estranhos. Nessa perspectiva, na condição de orientadoras do CAp UFRJ, indagam: quem são os estranhos? Por que são considerados estranhos? Nesse sentido, as reflexões desenvolvidas neste trabalho possibilitam vencer o determinismo teórico e a naturalização das práticas, viabilizando o constante diálogo com o cotidiano. Também ajudam a compreender as origens do modo de pensar moderno e sua influência na cultura escolar.

Como uma das formas de atuação do CAp UFRJ, ao lado de professores da Faculdade de Educação (FE) em um projeto institucional voltado para a formação docente, Marcia Serra Ferreira, Mariana Lima Vilela, Mariana Cassab, Maria Margarida Gomes e Téo Bueno de Abreu apresentam a experiência do projeto "A formação docente na UFRJ: espaço de diálogo entre saberes", parte do "Programa de Consolidação das Licenciaturas" — Prodocência/CAPES, que ocorreu entre 2007 e 2009 e objetivou produzir alternativas curriculares que contribuíssem para a melhoria da formação dos futuros professores. O projeto propiciou a criação de novos caminhos para a formação dos licenciandos de ciências biológicas, colocando em diálogo docentes de diferentes unidades acadêmicas da universidade com professores experientes, atuantes em escolas públicas situadas no estado do Rio de Janeiro.

Em seu conjunto, as experiências aqui apresentadas sugerem que, para além da tradicional atuação na formação inicial, contribuindo com transformações das práticas cotidianas na escola e nas salas de aula, é cada vez mais proeminente o envolvimento de docentes do CAp UFRJ em outros contextos de formação, tais como a pesquisa em educação e as atividades de extensão. O reconhecimento de que há uma multiplicidade de contextos, que enredados constituem o que entendemos como formação de professores, tem nos permitido vivenciar diferentes práticas nesse campo, e são estas experiências que apresentamos neste livro.

Referências bibliográficas

ALVES, Nilda. Tecer conhecimento em rede. In: ALVES, Nilda; GARCIA, Regina Leite (orgs.). *O sentido da escola*. 2. ed. Rio de Janeiro: DP&A, 2000.

_____. A experiência da diversidade do cotidiano e suas consequências na formação de professores. In: VICTORIO FILHO, Aldo; MONTEIRO, Solange Castellano Fernandes (orgs.). *Cultura e conhecimento de professores*. Rio de Janeiro: DP&A, 2002. p. 13-30.

BAKHTIN, Mikhail. *Problemas da poética de Dostoiévski*. Trad. de Paulo Bezerra. Rio de Janeiro: Forense Universitária, 2008.

COSTA, Marisa Vorraber. *A escola tem futuro?* Rio de Janeiro: DP&A, 2003.

DELEUZE, Gilles. *Logique du Sens*. Paris: Minuit, 1969.

FRANGELLA, R. C. P. A formação docente no/pelo cotidiano do Colégio de Aplicação da universidade do Brasil: investigando a história da construção de uma proposta curricular. In: CONGRESSO BRASILEIRO DE HISTÓRIA DA EDUCAÇÃO *(CBHE)*, 2., 2002, *Anais*, Natal, UFRN, 2002.

HALL, Stuart. *A identidade cultural na pós-modernidade*. 10. ed. Rio de Janeiro: DP&A, 2005.

LARROSA, Jorge. Notas sobre a experiência e o saber de experiência. *Revista Brasileira de Educação*, São Paulo, n. 19, p. 20-28, 2002.

_____. *Linguagem e educação depois de Babel*. Belo Horizonte: Autêntica, 2004.

MONTEIRO, A. M. Formação docente: território contestado. In: MARANDINO, M.; SELLES, S. FERREIRA, M.; AMORIM, A.C. (orgs.). *Ensino de biologia*: conhecimentos e valores em disputa. Niterói: EdUff, 2005.

OLIVEIRA, Inês Barbosa de. *Currículos praticados:* entre a regulação e a emancipação. Rio de Janeiro: DP&A, 2003.

PONTE, J. P. Investigar a nossa própria prática. In: GTI (org.). *Reflectir e investigar sobre a prática profissional*. Lisboa: APM, 2002. p. 5-28.

SANTOS, Boaventura de Sousa. *A universidade do século XXI*: para uma reforma democrática e emancipatória da universidade. São Paulo: Cortez, 2004.

_____. *O Fórum Social Mundial*: manual de uso. São Paulo: Cortez, 2005.

_____. *Um discurso sobre as ciências*. 4. ed. São Paulo: Cortez, 2006.

_____. A douta ignorância e a aposta de Pascal. *Revista Crítica de Ciências Sociais*, n. 80, p. 11-43, mar. 2008.

_____. Para além do pensamento abissal: das linhas globais a uma ecologia de saberes. In: SANTOS, Boaventura de Sousa; MENESES, Maria Paula (orgs.). *Epistemologias do Sul*. São Paulo: Cortez, 2010. p. 31-83.

VYGOTSKY, Lev Semyonovich. *A formação social da mente*. 6. ed. São Paulo: Martins Fontes, 2000. 191p.

Conversas entre professores:
a prática como ponto de encontro, uma parceria CAp UFRJ e Secretaria de Educação do município de Queimados

Graça Regina Franco da Silva Reis

De acordo com Boaventura de Sousa Santos (2009), vivemos um momento de crise de hegemonia, um momento de perguntas fortes — porque perguntam o que não é mais possível permanecer sem ser dito — e de repostas fracas. Minha proposta para este texto é apresentar o projeto de extensão[1] que vimos[2] desenvolvendo junto às professoras do ensino fundamental do município de Queimados (RJ), trazendo algumas das histórias que temos ouvido nos encontros que fazemos e pensando que o miudinho das escolas (Ferraço, 2003) pode nos ajudar neste tempo de crise de hegemonia sem respostas. Assim, trago-lhes Larrosa (2004:81) numa tentativa de ajudar a contar o que quero fazer:

---

[1] É importante registrar que este é um projeto coletivo. Fazem parte dele: Simone de Alencastre Rodrigues e Regina Pugliese, professoras do Setor Multidisciplinar; Marlon Santos, bolsista Pibiac; Olivia Cristina de Oliveira, bolsista Pibex; assim como as professoras de Queimados que generosamente compartilham conosco seu cotidiano. Cada acontecimento aqui narrado é parte de um fazer junto, e, por isso, a maior parte do texto é narrado na primeira pessoa do plural.

[2] Os pronomes "eu" e "nós" serão usados neste texto. O primeiro como indicativo do que pesquiso e escrevo aqui e o segundo representando o coletivo do projeto.

Vou lhes contar um conto. Um conto que, como todos os contos, relata uma travessia, ou uma passagem, e ao mesmo tempo, uma metamorfose. Um conto ademais, de final aberto, tão aberto como nossa perplexidade.

Há uma pergunta que atravessa a pesquisa, pois o trabalho é direcionado para o que acreditamos como possibilidade para a formação continuada, a troca de experiências como elemento potente para compreendermos a tessitura entre experiência e produção de subjetividades, o que denominamos "formação cotidiana". No entanto, assistimos a uma política de desvalorização das práticas cotidianas dos professores que passa não só pela imposição de cartilhas e manuais que buscam direcionar seu trabalho, numa clara tentativa de "ensinar" o que "não sabem fazer", como também por uma infinidade de relatórios, provas e avaliações por meio dos quais se avaliam alunos e professores. Assim, perguntamos: Por que não investir no potencial presente nas práticas dos professores que estão nas escolas buscando caminhos para as questões que se apresentam cotidianamente nas salas de aula?

Dentre os relatos que ouvimos, escolhemos este para iniciar nosso diálogo, pois as palavras da professora vêm carregadas de uma constatação do que ela percebe acontecer nas escolas do município.

O desabafo de Marcia

A educação hoje não é para abrir horizonte, hoje a educação não é isso, é só para completar a escolarização, render verba para o município e continuar o trabalho político. Sei que a educação é assim hoje, porque se fosse diferente não teríamos tantos alunos nas salas de aula, não teríamos tão pouco material, não teríamos só meia dúzia de escolas melhores. Todas as escolas do município não são assim [mostra a escola onde estamos. A minha escola mesmo ficou mais de quatro meses sem água, as crianças levavam de casa. Então, quer dizer, são coisas para a gente ver, mas a gente vê que não é para melhorar, é só pra cumprir metas e que a gente vai ilusoriamente cumprindo.

Não temos na pesquisa a intenção de responder quaisquer perguntas que aprisionem a vida cotidiana, o que poderia tentar ser feito se fôssemos apenas olhar para o que está posto hegemonicamente como verdade, mas buscar outras perguntas fortes a partir do mergulho que fazemos, a fim de encontrar minúcias (Pais, 2003) e resíduos (Ginzburg, 1989) do que é, a priori, desconsiderado como conhecimento. Neste mergulho, não nos furtamos a abandonar verdades e pontos de vista, pois com Brook (1995) aprendemos que, "para que um ponto de vista seja útil, temos de assumi-lo totalmente e defendê-lo até a morte. Mas, ao mesmo tempo, uma voz interior nos sussurra: 'Não o leve muito a sério. Mantenha-o firmemente, abandone-o sem constrangimento'" (Brook, 1995:15).

A pesquisa ocorre nos/com os cotidianos da vida de professoras e professores. Queremos ouvi-los e conhecê-los, porque, talvez, as respostas fortes estejam ali, junto àqueles que pensam/fazem educação. Por meio dos relatos e das trocas de experiência, ouvimos o que esses praticantes (Certeau, 1994) podem narrar sobre suas experiências que burlam o que se pensa instituído, mostrando que os saberes que atravessam sua docência estão além do que se pensa conhecer sobre eles.

O que vimos, pesquisando por meio de professores e professoras de vida comum (Pacheco, 2008), tem nos mostrado outros caminhos possíveis na relação com o conhecimento, através da solidariedade e da ecologia de saberes. Nesse caminho, pensamos com Santos (2005) na possibilidade de conhecimentos prudentes que nos possibilitem uma vida decente.

Assim, num mundo onde as palavras diversidade e diferença aparecem repetidamente nos discursos, vemos "uma escola" — instituição — que pretende igualar, por meio de conhecimentos e objetivos hegemonicamente preestabelecidos. A partir do que nos propõe Santos (2008) e na contramão desses discursos, pensamos a solidariedade como caminho, na forma de uma utopia possível. Nas palavras de Galeano (2007), "algo que serve para caminhar". Seria, então, a solidariedade não um lugar a se chegar, mas a proposta para um devir pedagógico e uma prática de conhecimento indissociável de uma prática político-epistemológica, imbricada de experiências emancipatórias que produzem alguma possibilidade de justiça cognitiva.

Dessa forma, nossa pesquisa propõe uma ideia de formação que pense o saber como ecologia (Santos, 2008), algo plural e infinito, só possível no diálogo entre os conhecimentos que perpassam *pelos/nos/com* os cotidianos das escolas, "calando" os silêncios e povoando de vozes o que, a priori, já é polifônico, pois o "saber só existe como pluralidade de saberes, tal como a ignorância só existe como pluralidade de ignorâncias" (Santos, 2008:27). É preciso conhecer, então, os limites e as possibilidades de saberes e ignorâncias, pois, ao pensarmos em unificação de saberes, estaremos exercitando o que Santos (2008) denomina *fascismo epistemológico*, a devastação do direito do outro em seus saberes e suas ignorâncias. A ecologia dos saberes se pauta na diversidade, na pluralidade de saberes existentes no mundo, entendendo-os como inatingíveis. A troca de experiências plurais se mostra, então, como um caminho fértil na formação continuada de professores.

No diálogo com uma professora que trabalha com classes especiais no município do Rio de Janeiro, ouvi: "A minha prática com a classe especial é muito diferenciada, nela não existe fracasso. Qualquer avanço com eles é muito significativo". Esta fala nos põe a pensar sobre os "destinos" das classes regulares se permanecermos fechados na valoração de uma única forma de conhecimento. É nessa recusa de perceber diferentes modos de ler o mundo e sentir a vida que está a violência usada em nome de um princípio de legitimidade. As professoras de Queimados (RJ), a partir da troca de experiências que têm vivido, relatam formas de trabalho que buscam mostrar que as diferenças não precisam ser transformadas em desigualdade.

Com base nessas ideias, começo aqui a compartilhar a experiência de interlocução que temos vivido com outras professoras, numa pesquisa desenvolvida como extensão, em parceria com a Secretaria de Educação do município de Queimados, no Rio de Janeiro, parte de meus "afazeres" como professora/pesquisadora do CAp UFRJ e meu projeto de doutoramento no Proped/Uerj.

Queimados, uma possibilidade de interlocução que se apresenta como proposta de formação continuada

Este projeto nasceu do desejo de trocar experiências com colegas/professoras de outros *espaçostempos*[3] escolares, no sentido

---

[3] Nós, pesquisadores *nosdoscom cotidianos*, assumimos que há outras formas de dizer nossas ideias que são possibilitadas pelo encontro de duas palavras, que juntas assumem significado diferente daqueles que tinham quando separadas, o que as torna mais fortes e possibilita a quebra da dicotomia. Sendo assim, neste texto encontraremos algumas palavras que obedecem, como nos ensina o professor Paulo Sgarbi, o princípio da juntabilidade.

de buscar junto a essas experiências, contribuições para pensar o cotidiano do CAp UFRJ, colégio que teve seu processo de acesso modificado em 1998, passando a ter o sorteio como único meio de entrada nos nove anos do ensino fundamental. Dessa forma, o projeto representa uma tentativa de (re)inventar a escola que temos a partir do debate com outras escolas que vivem desde sempre o acesso democrático. Justifica-se, portanto, por sua intencionalidade de fortalecimento em nosso papel de professoras/autoras, buscando caminhos para pensar uma escola pública sempre democrática em seus saberes e acessível para todos.

A partir desse desejo, cheguei à Baixada Fluminense, mais especificamente ao município de Queimados, que tem hoje 28 escolas e uma população de 137.870 habitantes. O secretário de Educação do município entendeu que a entrada do projeto nas escolas seria uma possibilidade de (re)fazimento das práticas pedagógicas de professores e professoras, tornando-se assim uma possibilidade de aumento do Índice de Desenvolvimento da Educação Básica (Ideb) de 3,9 — abaixo da meta nacional desejada. Particularmente, minha compreensão de "qualidade" em educação não se relaciona ao Ideb ou a qualquer outro índice/avaliação global, mas aproprio-me do espaço, buscando fazer *usos* (Certeau, 1994) possíveis dele para desenvolver o trabalho no qual acredito.

Queimados é um município de periferia, e, com outros municípios, forma a região conhecida como Baixada Fluminense. É um município pequeno, emancipado há apenas 21 anos, onde percebemos faltas que a injustiça social produz: moradia adequada, saneamento básico, saúde, pavimentação, alimentação adequada, entre outras. Mistura modos de ser de um município pequeno e as demandas próprias daqueles que vivem no entorno de um grande centro, isto é, tem seu pertencimento muito dividido. Há, hoje, grupos de pesquisa[4] que buscam resgatar a história daquele *espaçotempo* com iniciativas ligadas à manutenção e valorização do Patrimônio Histórico e da Memória da cidade de Queimados.

Comecei a pesquisa em agosto de 2010, e hoje trabalhamos eu, duas outras professoras do CAp UFRJ, um bolsista Pibiac e uma bolsista Pibex, junto a 30 professores de 4º e 5º anos da rede municipal. Entre essas, há um grupo que trabalha com crianças e jovens de diferentes idades que passaram pelos três anos iniciais do ciclo sem se alfabetizar, turmas que formam o que a secretaria denominou de 4º ano alfa.

A formação dessas turmas são indícios muito importantes para pensarmos o problema educacional vivido pelo município. Por esse motivo, em um dos nossos encontros, pedimos que as professoras respondessem à seguinte pergunta: "Em sua opinião, por que os alunos que se encontram hoje no 4º ano alfa não foram alfabetizados?"

Trago aqui algumas respostas que recolhemos, mas é importante ressaltar que, na discussão, muitas outras questões surgiram. Este material ainda não foi transcrito, está arquivado em forma de DVD, mas tem sido usado nas discussões do grupo de pesquisa envolvido no trabalho.

Resposta A — Isabela

A implantação do ciclo de alfabetização no município não aconteceu como deveria. O professor não acompanha sua turma no ano seguinte. Por essa razão, muitos professores não desempenharam o seu papel como deveriam, já que, ao término do ano letivo, o aluno teria sua aprovação automática.

---

[4] Ver o blog <http://memoriaqueimados.blogspot.com/>.

Resposta B — Alessandra
Acredito que a problemática se deva a uma série de fatores, como: metodologias de ensino, apoio familiar, assistência pedagógica, acompanhamento médico especializado, estrutura do sistema, entre outros, que, juntos, ou separadamente, influíram com um peso maior ou menor no processo de aprendizagem dessas crianças.

Resposta C — Ana Paula
Na minha opinião os alunos que se encontram hoje no 4º ano alfa e não foram alfabetizados são alunos que não tiveram uma base de alfabetização composta de atrativos coerentes ao aprendizado do aluno, ou seja, uma aula direcionada à realidade do educando que leva à curiosidade de pesquisar, avançar, criar, aprender e trocar experiências com o outro de forma construtiva. Outros fatores também influenciaram a vida escolar desses alunos, começando pela família que não acompanha, não ajuda e não incentiva, achando que o problema é só da escola, que é a escola que tem que ensinar, não tendo assim uma parceria com a escola. Talvez as professoras das séries anteriores não tenham observado com uma maior profundidade as dificuldades apresentadas por estes alunos, que não conseguiam aprender. E, por fim, do governo, que também tem sua parcela, por não preparar os educadores para trabalhar com eficácia, influenciando, assim, diretamente o aprendizado.

Tomando a ideia de que as professoras têm muito a dizer sobre o trabalho que realizam, penso que poderiam ser ouvidas na busca de caminhos possíveis para uma educação mais ecológica.

Nossos encontros com as professoras acontecem a cada 30 dias, e todos são filmados[5] e fotografados. Nossa intenção é não

---
[5] Esse material está sendo transcrito aos poucos.

perder nada do que é dito, pois assistimos às filmagens e as usamos para a discussão que temos em nosso grupo e na preparação dos encontros seguintes.

Nos dias em que estamos em Queimados, usamos a sala de uma escola do município para o desenvolvimento das atividades, que são realizadas no horário de trabalho das professoras. Nesse dia, os coordenadores das escolas assumem as turmas. Ao conhecer a vida de muitas dessas professoras, percebemos o quanto o fato de nos encontrarmos nesse horário contribui para a permanência delas no grupo, pois, em sua maioria, são mães de família, com mais de um emprego — muitas em outro município — e precisam planejar as aulas, cuidar dos filhos e realizar afazeres domésticos. Nesse sentido, e em muitos outros — transporte e material impresso, por exemplo —, o apoio da Secretaria de Educação tem sido fundamental.

O trabalho funciona a partir da troca de experiências entre as professoras.[6] Todas apresentam aulas e atividades realizadas em suas turmas, possibilitando momentos de rica discussão sobre as experiências vividas. Percebemos que a narrativa da experiência "é um diálogo no qual quem tem algo a dizer enriquece o outro e vice-versa. Nesta experiência dialógica o homem encontra a sua humanidade" (Benjamin, 1994). Há também os dias em que visitamos escolas e assistimos às aulas dessas professoras, assim como um dia em que elas vão ao CAp assistir às nossas aulas e de todas as outras professoras das séries iniciais que abrem as portas para a atividade.

Em todos os encontros, lemos uma história de literatura infantil, discutimos textos definidos anteriormente e há o relato das aulas que as professoras assistem. Uma vez por mês, as professoras

---

[6] Todas as professoras que estão no projeto, hoje, são mulheres.

têm a possibilidade de assistir à aula de uma colega. A ideia é que estabeleçam parcerias e se conheçam, reconhecendo-se e as suas parceiras como autoras/produtoras de saberes. Legitimar os conhecimentos tecidos/criados/construídos por meio das relações entre parceiros é, para nós, um dos desafios desse projeto, pois entendemos que os conhecimentos de professores não podem ser desqualificados, sua riqueza é infinita de possibilidades: são eles que estão lá, nas escolas, vivendo, interagindo, conhecendo e "ensinando". Durante o percurso, as professoras vão escrevendo seus memoriais, exercitando a escrita de si (Souza, 2006) e criando momentos de riqueza e intimidade. Ao ouvir as múltiplas experiências vividas e enredar a esse diálogo outros autores, esperamos trazer para o debate outras possibilidades de reflexão sobre os processos de produção de *fazeressaberes*.

A vida narrada e o desvelamento de si

As narrativas dessas professoras, trazidas por meio dos relatos de suas práticas e das escritas de seus memoriais, aparecem como alternativa para pensarmos os saberes que circulam cotidianamente nas escolas e a sua relação com a vida das professoras. Percebemos o quanto os processos de formação se manifestam em suas identidades docentes.

Mergulhando (Alves, 2008) na vida desse grupo com o intuito de desvendar as redes de significados produzidos e comunicados nas relações, nossos sentidos devem estar atentos, pois sabemos que as narrativas são palavras, e as palavras não são os fatos, isto é, "a vida narrada não é a vida" (Delory-Momberger, 2008:95). Nosso interesse é potencializar os sentidos que emergem de seus relatos, envolvendo suas experiências curriculares cotidianas, e não tomá-los como verdade.

Suas escritas de si mesmas estão repletas das experiências que tiveram ao longo da vida. Nesse espaço elas têm a possibilidade de entender o que as levou à escolha dessa profissão, muitas vezes desvelando fatos, que estavam lá e elas não "viam", a respeito do que pensavam conhecer sobre si mesmas. Entendem o quanto de suas ações cotidianas não são planejadas, mas são, sim, as marcas daquilo que lhes tocou no mundo. Seus gestos, modos de se relacionar com os alunos, opções e modos de estar na escola são parte daquilo que viveram. Dessa forma, podem perceber o quanto suas identidades são formadas e modificadas em rede. Hall (2005:13) nos fala sobre os espaços sem fronteiras demarcadas de identidades que são "formada[s] e transformada[s] continuamente".

O registro da memória tem permitido que possam reconstruir seus caminhos, reinventando hoje, no presente, o que viveram no passado, possibilitando um intercâmbio com o que está por vir. A distância do fato vivido permite uma reinvenção das memórias, produzindo outra memória daquilo que se busca rememorar. Segundo Santos (2009:17), "só o passado como opção e como conflito é capaz de desestabilizar a repetição do presente".

Ao optar pela perspectiva de explorar aspectos das redes de subjetividades (Santos, 1995) de professores e professoras que busquem romper com os métodos convencionais de investigação, buscamos superar a racionalidade técnica que engessa as práticas cotidianas tornando-as modelos pobres que descaracterizam sua criação e potência.

Assim como a tecelã de Marina Colasanti,[7] que tece e destece a vida corajosamente, as professoras de Queimados escrevem suas histórias e relatam experiências cotidianas mostrando a coragem

---

[7] Do livro *A moça tecelã*, de Marina Colasanti.

daqueles que são capazes de aprender com o outro e mudar de direção, se necessário, abandonando assim pontos de vista que já não satisfazem.

Trago aqui, então, uma escrita de si mesma que chamou nossa atenção pela forma como Silvana expõe sua vida. Ela conta a sua história, de menina nascida com um lugar predeterminado a ocupar no mundo, e mostra o quanto as redes de sua vida foram tecidas de outra maneira, burlando o que seria "previsto".

A reviravolta de Silvana
Ao receber a incumbência de escrever este memorial, pensei no grande desafio que seria relembrar coisas tão marcantes em minha vida. No entanto, ao iniciá-lo percebi que este era um desafio bastante prazeroso. Pois, sem querer ser pretensiosa, recordá-los é reafirmar o meu sucesso, a minha vitória. Se para alguns "recordações fazem chorar", para mim também! Só que meu pranto é de alegria.

Sou a filha mais velha de uma família humilde que, como tantas, veio para a cidade grande em busca de melhores condições de trabalho. Pai analfabeto, de pensamentos e atitudes retrógrados. Mãe, também analfabeta, submissa ao pensar e agir do marido. Cresci ouvindo: "lugar de mulher é na cozinha", "estudar pra quê?" Por isso ingressei tarde na escola. E isso só aconteceu porque meu pai começou a trabalhar em outro estado e só aparecia em casa a cada dois meses.

Convém destacar que tenho um dedo torto porque escrevia com pedacinhos de lápis que minha mãe catava no pátio da escola e amarrava com arame um pedaço de pau para ficar mais fácil de segurar. Todos esses contratempos não impediram que eu seguisse em frente. Queria uma vida melhor que a da minha mãe e por isso dava o melhor de mim. [...]

Com o incentivo do marido, em 1999 ingressei na universidade, onde cursei Letras. Em 2005, fiz pós-graduação em supervisão escolar.

Hoje trabalho na E.M. Anna Maria dos Santos Perobelli. Lá, trabalhei com turmas da educação infantil ao 5º ano do Ensino Fundamental, fui dirigente de turno e atualmente trabalho na Orientação Pedagógica e com uma turma do 3º ano de escolaridade.

Aprendi muito com meus professores. Com o Milton aprendi a valorizar e respeitar as diferenças. Com Marileide aprendi a dialogar, a ter bom senso, a ser exigente. A sala de aula nos oferece isso, aprender e ensinar sempre!!

A arte de lembrar remete Silvana à recriação da sua memória, redesenhando para si mesma o universo de suas vivências (Oliveira, 2003:79). Assim, ela articula as lembranças, tornando-se outra no processo. Sua memória articula o passado com o presente, mostrando que suas escolhas foram e são enredadas pelos fatos marcantes de sua infância. Sua utopia está na professora que busca ser, destecendo o que, muitas vezes, era dado como certo, resistindo na busca das escolhas, lutando para atuar no saber que ninguém é dono da verdade, e que o outro é tão legítimo como qualquer um (Maturana, 1999:75).

Terminando esse eixo, trago aqui um excerto de memorial que nos encantou não só pela história que conta, mas pela singeleza de sua escritura, mostrando que as memórias passadas podem gerar presentes repletos de poesia.

Buraquinhos — a memória de Stella
Ao caminhar no chão de barro com seu sapato de salto, Dona Maria deixava buraquinhos marcados no chão durante todo o

caminho. Ela seria minha professora e me levaria para a escola, já que era minha vizinha e conhecia minha mãe.

Como ela não falava comigo durante o caminho na ida para a escola, me empenhava em pisar exatamente em cima dos buraquinhos deixados por ela no chão. Era uma tarefa difícil, porque os passos de uma criança de seis anos são muito menores do que os de uma mulher adulta, mas eu realizava muito bem a tarefa!

Ao chegar na escola nova, grande e cheia de crianças (muitas delas grandes também), levei um susto com o sinal barulhento. Não sabia que era uma regra (inventada pelos alunos, claro) correr quando o sinal batia, por isso fui "atropelada" por um dos grandes. Minha pasta azul caiu e minha caixa de giz de cera, tão perfumada, se encheu de areia.

Na sala de aula, Dona Maria apresentou a cartilha, a caderneta, o lápis, a borracha e o apontador.

— E o giz de cera, quando vamos usar? — perguntei eu.

— Só quando merecer — respondeu a professora.

Naquele dia não merecemos, aprendemos a primeira lição da cartilha e eu voltei para casa com minha caixa de giz cheia de areia e pisando nos buraquinhos mais uma vez.

A sociologia das ausências e a sociologia das emergências — desinvisibilizando outras formas de trabalho

A sociologia das ausências é uma pesquisa que visa demonstrar que o que não existe é, na verdade, activamente produzido como não existente, isto é, como uma alternativa não credível ao que existe. [...] O objectivo da sociologia das ausências é transformar objectos impossíveis em possíveis, objectos ausentes em presentes (Santos, 2005:21).

Na produção de silenciamentos e invisibilidades está o saber "nada científico" produzido pelas professoras de Queimados. No exercício da sociologia das ausências está a possibilidade de se dar concretude a esses saberes. Nosso trabalho na pesquisa é o de criar espaços onde essas professoras dialoguem e denunciem ocultamentos e desqualificações, mostrando que há um saber produzido na tessitura das relações entre aqueles que vivem as escolas. Aponto aqui duas lógicas que, segundo Santos (2005), reafirmam essas invisibilizações, pois naturalizam o que precisa ser perguntado nesses tempos de crise hegemônica.

Temos acompanhado relatos que apontam para o que Santos denomina lógica da *monocultura do saber*, isto é, só é tido como válido aquilo que é hegemonicamente aceito como possível de estar nos currículos escolares. Somente terão um lugar no topo da árvore (Alves, 2000) aqueles que atingirem os objetivos do que é preestabelecido pelos currículos hegemônicos escolares. Outras formas de conhecimento não são legitimadas, são "apenas" senso comum. No entanto, desobedientes como são, professoras e alunos(as) compartilham outras formas de estar no mundo. Assim, passo a mais um relato, que denomino *A desobediência de Grace*:

> Eu dei aula para um menino chamado Abraão. Até faca ele levou pra escola, porque ele ia matar o coordenador que todo dia brigava com ele na hora do recreio [sussurros]. É, ele levou a faca porque ele ia matar o coordenador. Mas eu nunca fui de passar a mão na cabeça do Abraão, não, e quando me contaram que o Abraão estava com a faca, eu disse: "Abrão, me dá

a faca". Ele falou assim: "Não dou, não, e se a senhora entrar na frente eu te mato também" [sussurros]. Tudo bem, chegou na hora da fila o Abrão me entregou a faca. Daqui a pouco, na hora o recreio, chegou a mãe do Abraão na escola procurando a faca porque era a única faca que ela tinha em casa [risos] pra fazer a comida.

A diretora, nossa, disse que ia chamar a polícia. O menino já morava numa favela, ia levar ele para a polícia, ele ia ganhar um... ele ia ser o quê? Eu falei: "Não!" Aí a diretora disse que eu ia ter que assinar um termo de responsabilidade pelo Abraão. "Eu assino".

Semana passada o Abraão foi lá na escola, detalhe, ele se formou na sexta-feira e eu pensei: "Me libertei do Abraão". Ele chegou lá e disse: "Professora". Ele tinha tudo pra não gostar de mim, porque se ele não fazia o dever de casa eu deixava de castigo fazendo o dever, eu perdia a hora, mas ele fazia o dever. Ele me xingava, dizia que ia me bater na rua... Ele disse: "Vim te mostrar a minha carteira profissional, estou trabalhando na Panco" (fábrica de pães). Eu coloquei ele pra trabalhar numa padaria. Ele trabalhava de manhã e de tarde, e hoje é querido na Panco.

Outra lógica apontada por Santos que tem se mostrado presente nos relatos das professoras diz respeito à lógica da *monocultura da naturalização das diferenças*. Aqui vemos instalada e naturalizada a desigualdade, o poder de uns sobre outros é tratado como consequência e não causa do que se instalou historicamente, a desigualdade social, naturalizando processos culturais e ideológicos onde uns sabem e outros não, uns são capazes e outros não, uns nasceram para um futuro brilhante e outros não. Aqui apresento a narrativa:

Desnaturalizando o que parece posto, o grito de Dilane
Tenho tido muita dificuldade pra trabalhar este ano. A minha turma é aquela que ninguém quer. Dizem que eles são muito barulhentos, muito agitados. Na minha concepção criança é barulhenta mesmo.
Eu já chorei umas três vezes este ano. Tenho aparência de dura, mas sou assim, emotiva, porque não gosto de ouvir que meus alunos são uma manada, ou outras coisas ruins.
Outro dia meus alunos fizeram uma apresentação linda. Uma pessoa qualquer falou assim:
— Nossa, parecem até gente.
Eu explodi.
— Parecem, não, eles são gente! Eles são crianças.
Ela ficou sem graça, de branca ficou vermelha.
Meus alunos já têm muita dificuldade para estarem em sala de aula. Eu tenho aluno que a mãe abandonou, tem outro que a mãe é prostituta, o outro não tem mãe. As crianças têm que matar uns cem leões por dia para estarem dentro daquela sala de aula, e quando eles entram na escola são chamados de manada, são chamados a atenção o tempo todo.
Eu nunca vi ninguém abraçar e beijar um aluno meu, eu nunca ouvi alguém dizer: "muito bem, vocês se formaram!"
Eu não quero reconhecimento de ninguém, não quero elogios pro meu planejamento, eu quero que meus alunos colham os frutos.
A dificuldade que a gente tem é muito grande. Eu tenho aluno especial na minha sala. A direção passa e diz:
— Só deu isso hoje?
Eu penso: "Querem que eles virem copistas? Isso eles já são".
E eu sou contratada, se quiser me botar pra fora, pode botar.

A sociologia das ausências nos ajuda a identificar e valorizar o que Santos denomina de experiências desperdiçadas, e a sociologia das emergências propõe que o antes invisibilizado se amplie como alternativa de diálogo com outros saberes e sujeitos também silenciados e ocultados em suas existências. Chegaríamos assim à ideia da ecologia de saberes.

Mergulhando nas histórias das professoras de Queimados: um encontro com práticas mais ecológicas

Assim como na canção "Mistérios do planeta",[8] que nos diz que "pela lei natural dos encontros eu deixo e recebo um tanto", estou atenta ao que vejo, ouço e sinto, assim trago aqui uma frase[9] que "recebi" e que muito me fez pensar sobre a escritura dos currículos. Ela diz *Quem organiza o que devemos lembrar, também organiza o que devemos esquecer*. Nessa lógica, ao determinarem o que deve ser "ensinado", os currículos também estão nos dizendo o que não é importante saber.

Minha intenção não é a de desconsiderar o que está escrito nos currículos escolares, mas buscar desinvisibilizar formas e usos que permitem aos sujeitos das escolas pensar e fazer um saber mais solidário, criativo e participante, possibilitando um olhar para a vida além da norma, superando ou minimizando a *cegueira epistemológica* (Oliveira, 2007) da qual nossa inserção na modernidade ocidental nos dotou. Assim, entendo que há o desejo da uniformização dos currículos, mas há também a rebeldia da vida

---
[8] Música dos Novos Baianos.
[9] Dita por um professor adjunto da Uerj, conhecido como Bessa, em uma aula da disciplina educação indígena, do curso de graduação.

cotidiana diante das regras que tentam controlá-los; como são desobedientes, as professoras de Queimados, nossas parceiras nesse momento, criam formas e modos de, taticamente, utilizarem-se desses "produtos", dando-lhes outras formas que fogem ao modelo.

A produção curricular cotidiana que se dá nas escolas, então, envolve diferentes *saberesfazeres,* invenções e inovações que, mesmo sendo consideradas como meras adaptações metodológicas do ponto de vista formal, podem nos remeter a outra maneira de pensar os currículos.

Veiga-Neto (2002:59) diz que os currículos devem ser entendidos numa dimensão que vai muito além de um simples conjunto ordenado de conhecimentos que são ensinados na escola. São também produtos das práticas e dos diálogos entre saberes que atravessam e são atravessados pela complexidade do mundo, tornando as escolas espaços-tempo de circulação e criação de conhecimentos. Como espaço que se pretende formal e disciplinar, a "escola" é, também, espaço de descobertas e aprenderes que não estão escritos oficialmente. Pensar em uma escola e estar em uma escola são coisas muito diferentes. Os usos que professores e alunos fazem desse espaço muitas vezes não são aqueles pretendidos oficialmente.

Elizama, na história que trago a seguir, nos indica que nos *espaçostempos* das escolas há muito mais do que aquilo que está escrito nos textos curriculares oficiais. Ali circulam afetos, segredos, emoções, calor humano e discórdias, típicos dos sujeitos, e esses sentimentos, cheiros característicos e lembranças estarão guardados nas memórias de alunos(as) e professoras. É isso o que percebemos dentro das escolas. Apesar dos currículos pensados por minorias e da necessidade de os colocarmos em debate, podemos perceber, nas muitas salas de aulas, espaços, modificações e usos que estão além do que é pensado.

Trago então a história:

A paz invadiu o meu coração — Elizama conta sua aula
Essa questão da agitação da turma não é particularidade da turma dela [mostra uma colega que acabara de reclamar da sua turma] até pela diversidade, né? No caso, a minha turma tem crianças que vão dos 10 anos aos 15 anos completos, tem aluno que completou 15 anos agora, dia 16 de março então... A atividade diferente que eu fiz com a minha turma foi justamente por conta desse agito. O que estava acontecendo? Eu estava com dificuldades de fazer atividades com eles fora da sala de aula. Eles brigam muito, eles batem nos outros, né? E aí a atividade diferenciada que eu consegui fazer com eles foi levar um CD, uma música tranquila, ambiente. A música falava de paz mesmo. A gente fez uma roda no pátio e conversamos sobre o que é... o que representava a paz para cada um deles... Aí eu coloquei essa música ambiente, eu conversei com eles o seguinte: "a gente vai ter que fazer a atividade seguindo a música". Quando você não estiver mais escutando o volume do som é porque você está falando muito alto. E aí eu deixei que eles se expressassem como quisessem, com desenhos... ou mesmo escrevendo e tal... e foi numa atividade assim que eu desconheci a minha turma... [...] Eles ficaram tranquilos, desenharam, pintaram, depois a gente voltou de novo para a roda e cada um fez a exposição do seu desenho, da sua escrita, da sua fala... Foi uma coisa assim, interessante. Dali eu já levei pra sala de aula as falas deles e a gente conseguiu fazer um acordo... por exemplo, a gente está na semana da gentileza, então durante uma semana é proibido qualquer atitude de agressividade de violência contra o colega. Eles

criaram as regras da turma. [...] Então eu fiz um cartaz, coloquei lá pra lembrar a eles que todo dia tem que fazer um ato de gentileza, tem que elogiar um colega, né? E que não pode xingar, não pode brigar, não pode bater... e, assim, está dando certo. Eu até trouxe aqui, depois quem quiser ver tem as fotos aqui do momento que foi...

Na sala de aula, eu peguei dois trechinhos dessa música, dois versinhos, inclusive essa foi a tarefa para casa. Eles tinham que identificar na música onde estava escrito a palavra paz, circular e tal, e conversar com a família, com a mamãe, com o papai em casa, cinco ações que a gente pode fazer para promover a paz. E aí ontem eu tive o retorno disso. Algumas crianças viraram pra mim e disseram:

— Tia, eu adorei fazer o trabalho de casa com a minha mãe. A minha mãe disse que foi muito boa essa atividade e eu também gostei muito!!

Então, a gente percebe que às vezes também essa questão da agressividade é porque não é trabalhado com eles o outro lado da não agressividade. A gente também reclama, eu reconheço que essa é uma falha minha mesmo... "poxa, essas crianças só sabem bater". Mas aí eu pensei: "o que é que eu estou fazendo para que eles ajam diferente?" Eles adoram fazer atividade em casa. [...]

E aí foi interessante, porque, lá no pátio, em momento algum eu cantei a música, mas quando eu botei a letra no quadro eles falaram: "Você está escrevendo a música que estava tocando lá embaixo..." Então, de fato, eles prestaram atenção à letra da música. E eu botei num volume assim [faz um gesto com a mão mostrando que colocou baixinho]. A combinação foi essa: "quando você parar de escutar a voz da cantora é porque tá falando muito alto, você tem que baixar o seu tom de voz".

Pensar as escolas a partir do que Oliveira (2003) denomina de currículos praticados é uma tentativa de perceber as escolas em sua realidade, como elas são concretamente para além do discurso a respeito do que não há nelas.

Ao percebermos que na vida cotidiana não há como prevermos os acontecimentos, pois não há relação de causalidade linear entre o que é feito e os resultados do que é feito, estamos vendo como Elizama encaminha seu trabalho de acordo com o que a turma vai "pedindo" ou "permitindo".

O que existe, e pode ser percebido quando mergulhamos nos cotidianos das escolas para pesquisar ou quando ouvimos narrativas de professoras a respeito de suas práticas, são currículos sendo modificados numa relação de tensão permanente entre o prescrito e o feito. Há o conteúdo oficial, há os aprenderes desordenados, há a ordem e o caos, tudo ao mesmo tempo (Ferraço, 2007).

Diante desse estudo, podemos dizer que os saberes tecidos nas salas de aula se apresentam de diferentes maneiras. Cada conteúdo trabalhado será diferente a cada vez que for trabalhado. Heráclito[10] já nos dizia que não podemos entrar duas vezes no mesmo rio, pois o rio ao correr é sempre outro. Da mesma forma, cada sujeito irá tecer suas redes de aprendizagens de acordo com suas subjetividades, e essa experiência será sempre individual, ao mesmo tempo em que é coletiva, pois é com os outros e por meio de trocas que aprendemos.

Assim, nos percebemos diante de práticas curriculares cotidianas de professoras em salas de aula que não podem ser apreen-

---

[10] Heráclito, filósofo pré-socrático, recebeu o cognome de "pai da dialética". Problematiza a questão do *devir* (mudança).

didas dentro de documentos e papéis oficiais. Alves e Oliveira (2005:97) completam:

> É nesse sentido que entendemos as práticas curriculares cotidianas como "multicoloridas", pois suas tonalidades vão depender sempre das possibilidades daqueles que as fazem e das circunstâncias nas quais estão envolvidos.

Para ilustrar essa discussão, trago aqui o relato de outra prática vivida:

Ladislene vence o medo

Eu fiz um trabalho com diferentes tipos de texto com eles. Eu tenho um amigo que é um "parceiro do SESC" e ele levou o data show para a escola. Quando eles viram o data show, eu sumi, eles ficaram encantados.

Eu juntei o quarto e o quinto ano para realizar esta atividade, foram 54 alunos. Meus alunos viram o quinto ano chegar e ficaram olhando aqueles que são os mais velhos da escola, quase adolescentes, além disso, para eles, são também os mais espertos, tudo o que eles queriam ser.

Gente, eu estava com medo, porque nesse dia eu ia trabalhar com poesia, que às vezes as crianças acham muito chata. Mas foi muito legal. Meus alunos estavam um pouco tímidos, mas o quinto ano começou a falar e a dar espaço para que eles participassem também. Aí foi muito bom!

Eu acho que nós temos que buscar outras formas de trabalho. Pra eles, aquele dia foi uma coisa muito extraordinária. Meus alunos começaram a fazer rima com as palavras e perceber qual a função dos títulos das histórias.

Eu pude ver que a alfabetização é assim, a gente quer ver os nossos alunos lendo, mas isso tem que ser feito de formas diferentes.

Eu sempre tenho isso em mente. Eu vou e volto, sou meio tradicional, mas eu também quero ser um pouco moderna. Eu percebo quando as coisas não interessam a eles, então eu vou lá e mudo, mas fico até uma hora da manhã trabalhando, trabalho mais em casa do que na escola e faço muitas coisas diferentes. Estou gostando muito de trabalhar com oficinas de projeto.

Importa destacar aqui o modo como o trabalho levou à mobilização da turma para algo novo, despertando o interesse pela poesia e modificando a relação com os colegas de outra série. Ressalto, ainda, o quanto o desejo da professora em atender os alunos tem movido a aprendizagem de todos — alunos e professora.

Por um projeto emancipatório em parceria — meu ponto final para este texto

Enquanto não confrontarmos os problemas, as incertezas e as perplexidades próprios do nosso tempo, estaremos condenados a neo-ismos e a pós-ismos, ou seja, a interpretações do presente que só têm passado [Santos, 2008].

Nosso caminho vem sendo tecido em redes de diálogos. Nossas "descobertas" estão apenas alinhavadas, pois esta pesquisa não tem como objetivo buscar soluções que engessem o cotidiano, mas sim pensar junto. Junto com as professoras, junto com os colegas de pesquisa, junto com a Secretaria de Educação de Queimados, com suas coordenadoras e outros da equipe pedagógica envolvidos nesse projeto de educação.

Bem, o que de fato me parece não poder faltar aqui é o entendimento de que nas histórias de vida e nas práticas dessas professoras está a história das escolas de Queimados. Não uma história de passividade diante do que se apresenta nos *espaçostempos* escolares, mas uma história de usos e apropriações, que geram momentos de avanços, mas também de muitas dificuldades.

Temos ouvido histórias de luta e envolvimento com o que fazem. Além disso, nos relatos, mostram que são autoras, e não simples reprodutoras do que lhes é apresentado, pois são rebeldes e desobedientes. Produzem conhecimentos junto com os(as) alunos(as) numa relação dialógica. Suas práticas reescrevem os currículos das escolas, e, em sua luta, tentam entender e desestabilizar as monoculturas de saberes e naturalizações das diferenças.

Nessa desinvisibilização de práticas onde, por muitas vezes, praticam uma justiça cognitiva, encontramos buscas por utopias, que se encontram na solidariedade, na democracia, na ecologia de saberes, na prática de conhecimentos prudentes na tentativa de uma vida decente. No exercício da justiça cognitiva, há uma possibilidade de pensarmos em justiça social, tão necessária nesse espaço cercado pelas faltas que a desigualdade proporciona.

Talvez, junto a elas, por meio das trocas de experiências que realizam e do passado que buscam ressignificar, tenhamos um início de elaboração de resposta forte para esse momento de transição paradigmática.

Junto com essas professoras, nos (re)inventamos também. Temos podido compreender a riqueza contida nos encontros, na possibilidade que a troca traz para os cotidianos de todos nós. Ao mergulhar com elas em suas histórias, com nossos sentidos à solta, temos podido ver e sentir o que não é mostrado pelas pesquisas generalizantes nem pela mídia (que parece gostar muito de falar mal das professoras), o multicolorido (Oliveira, 2003:81) das práticas cotidianas, algo que depende das possibilidades dos sujeitos envolvidos nos *espaçostempos* das salas de aula.

A riqueza dessa forma de pesquisa, da qual acredito fazer emergir contribuições para as pesquisas que se relacionam à formação continuada de professores, está nas imprevisibilidades, fugacidades e singularidades dos sujeitos, que narram suas vidas, (re)inventando seu passado e permitindo que a complexidade que envolve suas formações e experiências curriculares cotidianas seja investigada.

Neste espaço, mais uma vez agradeço à generosidade de cada professora do grupo de Queimados que abre as portas de suas memórias para nós, por meio dos relatos, dos memoriais e documentos que deixam em nossas mãos.

Referências bibliográficas

ALVES, Nilda. Tecer conhecimento em rede. In: ALVES, Nilda; GARCIA, Regina Leite (orgs.). *O sentido da escola*. 2. ed. Rio de Janeiro: DP&A, 2000.

_____ . Decifrando o pergaminho: o cotidiano das escolas nas lógicas das redes cotidianas. In: ALVES, Nilda; OLIVEIRA, Inês Barbosa de (orgs.). *Pesquisa nos/dos/com os cotidianos das escolas:* sobre redes de saberes. Petrópolis: DP et Alii, 2008. p. 15-38.

ALVES, Nilda; OLIVEIRA, E. Uma história da contribuição dos estudos do cotidiano escolar ao campo do currículo. In: *Currículo*: debates contemporâneos. São Paulo: Cortez, 2005. v. 2.

BENJAMIN, Walter. Sobre o conceito de história. In: *Obras escolhidas:* magia e técnica, arte e política. 5. ed. São Paulo: Brasiliense, 1994. p. 222-232.

BROOK, Peter. *O ponto de mudança*. Rio de Janeiro: Civilização Brasileira, 1995.

CERTEAU, Michel de. *A invenção do cotidiano*: 1. artes de fazer. Petrópolis: Vozes, 1994.

DELORY-MOMBERGER, Christine. *Biografia e educação*: figuras do indivíduo-projeto. Natal: EDUFRN; São Paulo: Paulus, 2008.

FERRAÇO, Carlos Eduardo. Eu, caçador de mim. In: GARCIA, Regina Leite (org.). *Método*: pesquisa com o cotidiano. Rio de Janeiro: DP&A, 2003. p. 157-175.

_____ . Pesquisa com o cotidiano. *Revista Educação e Sociedade*, Campinas, v. 28, n. 98, p. 73-95, jan./abr. 2007.

GALEANO, Eduardo. *De pernas pro ar*: a escola do mundo ao avesso. 9. ed. Porto Alegre: L&PM, 2007.

GINZBURG, Carlo. *Mitos, emblemas, sinais:* morfologia e história. São Paulo: Cia. das Letras, 1989.

_____ . *As palavras andantes*. Porto Alegre: L&PM, 1994. p. 310.

HALL, Stuart. *A identidade cultural na pós-modernidade*. 10. ed. Rio de Janeiro: DP&A, 2005.

LARROSA, Jorge. *Linguagem e educação depois de Babel*. Belo Horizonte: Autêntica, 2004.

MATURANA, Humberto. *Emoções e linguagem na educação e na política*. Belo Horizonte: Editora UFMG, 1999.

OLIVEIRA, Inês Barbosa de. *Currículos praticados:* entre a regulação e a emancipação. Rio de Janeiro: DP&A, 2003.

_____. Aprendendo nos/dos/com os cotidianos a ver/ler/ouvir/sentir o mundo. *Revista Educação e Sociedade.* Campinas, v. 28, n. 98, p. 73-95, jan./abr. 2007.

PACHECO, Dirceu Castilho. *Arquivos pessoais de praticantes docentes e as pesquisas nos/dos/com os cotidianos*. 157p. Tese (Doutorado) — Proped, Uerj, Rio de Janeiro, 2008.

PAIS, José Machado. *Vida cotidiana*: enigmas e revelações. São Paulo: Cortez, 2003.

SANTOS, Boaventura de Sousa. *Pela mão de Alice*: o social e o político na pós-modernidade. São Paulo: Cortez, 1995.

_____. *O Fórum Social Mundial*: manual de uso. São Paulo: Cortez, 2005.

_____. A douta ignorância e a aposta de Pascal. *Revista Crítica de Ciências Sociais*, n. 80, p. 11-43, mar. 2008.

_____. Para uma pedagogia do conflito. In: FREITAS, Ana Lucia Souza de; MORAES, Salete Campos de. *Contra o desperdício da experiência:* a pedagogia do conflito revisitada. Porto Alegre: Redes, 2009. p. 15-40.

SOUZA, Elizeu Clementino. *O conhecimento de si*: estágio e narrativas de formação de professores. Rio de Janeiro: DP&A, 2006.

VEIGA-NETO, Alfredo. Currículo e telemática. In: MOREIRA, Antônio Flávio Barbosa; MACEDO, Elizabeth. *Currículo, práticas pedagógicas e identidades*. Porto: Porto Editora, 2002.

Projeto "Toque... e se toque!"
A construção da identidade de comunidades populares a partir do aprendizado em música

Maria Alice da Silva Ramos Sena

"*Arte popular do nosso chão. É o povo que produz o show e assina a direção.*" [1]

Mesmo com o interesse despertado nos meios educacionais, com a sanção da Lei Federal nº 11.769 de 18 de agosto de 2008 — que garante a obrigatoriedade do ensino de música nas escolas de educação básica —, um ensino de música eficiente e gratuito ainda está longe de se tornar realidade nas escolas e/ou espaços públicos de nossa sociedade. Reconhecemos que todas as culturas fazem música, não existindo um ser humano que não esteja exposto a ela em sua vida, em maior ou menor grau. Assim, todos deveriam ter o direito de aprendê-la!

No CAp UFRJ, onde trabalhamos, oferecemos aulas de música desde o primeiro ano do Ensino Fundamental até o final do Ensino Médio, possibilitando ao aluno uma formação bastante rica e abrangente na linguagem musical. Ampliar essa atuação para outros espaços, principalmente públicos, era a nossa questão: Como fazer

---

[1] Samba *Coisa de pele*, de Jorge Aragão e Acyr Marques.

para que a música venha a ser tratada, em todos os colégios, como a tratamos em nossa escola, parte vital da formação do ser humano?

Direcionar o trabalho com os alunos da universidade, nossos estagiários, os licenciandos em música, é o grande desafio, já que serão os futuros professores de nosso país. Esse direcionamento visaria à interiorização de formas plurais e democráticas de atuação pedagógica, com o objetivo de encararem o compromisso com a escola pública de qualidade como norteador de suas vidas profissionais. Por isso, foi idealizado o "Toque... e se toque!", um projeto de extensão, que tem como parceiros o CAp UFRJ e a Prefeitura de Mesquita,[2] no estado do Rio de Janeiro.

Segundo o Fórum de Pró-Reitores de Extensão das Universidades Públicas Brasileiras, "a extensão universitária é o processo educativo, cultural e científico que articula o ensino e a pesquisa de forma indissociável e viabiliza a relação transformadora entre universidade e sociedade". Apresenta-se como uma via de mão dupla, na qual a comunidade acadêmica tem a oportunidade de aplicar seus conhecimentos em benefício da sociedade. No retorno à universidade, docentes e discentes trarão um aprendizado que, submetido à reflexão teórica, será acrescido àquele conhecimento. Este fluxo, que estabelece a troca de saberes sistematizados — acadêmico e popular —, terá como consequência a produção de conhecimento, resultante do confronto com a realidade brasileira e regional, a democratização do conhecimento acadêmico e a participação efetiva da comunidade na atuação da universidade.[3]

---

[2] Inicialmente foi patrocinado pela Finep — Financiadora de Estudos e Projetos — e apoiado pela Prefeitura do Rio de Janeiro, além da UFRJ.
[3] A extensão não deve substituir as funções do Estado, mas sim produzir saberes científicos, tecnológicos, artísticos ou filosóficos, interagindo com outras instituições e segmentos da sociedade, tais como organizações governamentais, Poder Legislativo, empresas, sindicatos, organizações não governamentais e outras da sociedade civil.

O projeto "Toque... e se toque!" tem por objetivo contribuir para a melhoria da qualidade da educação, a inclusão social e a construção de uma cultura de paz. Utiliza-se de metodologia em educação musical, que permite reforçar a identidade cultural e artística da população envolvida, por meio de vivências da prática musical de conjunto, numa abordagem focalizada no repertório da Música Popular Brasileira. Assim, estimula a participação de comunidades de classes populares na vida cultural da cidade.

Iniciou a sua trajetória como parte do "Programa Escola Aberta", em seis escolas localizadas em área de risco social,[4] no dia 11 de novembro de 2006, em dois núcleos distintos: duas escolas na III CRE,[5] no Rio de Janeiro e quatro escolas no município de Mesquita (RJ). O primeiro núcleo foi coordenado pela profa. Alice Ramos Sena e o segundo, pelo prof. Mário Ferraro, ambos do CAp UFRJ.

O "Programa Escola Aberta"[6] — Educação, Cultura, Esporte e Trabalho para a Juventude — pretendeu transformar as escolas

---

[4] Consideramos área de risco social aquelas onde o coeficiente de mortalidade por homicídio para o sexo masculino seja superior à média nacional (51,96 homicídios por 100 mil habitantes), de acordo com o Sistema de Informações sobre Mortalidade (SIM) do Ministério da Saúde/Secretaria de Vigilância em Saúde/Divisão de Análise em Situação de Saúde.

[5] III CRE corresponde à III Coordenadoria Regional de Educação, localizada nos bairros de Higienópolis e Lins de Vasconcelos, no Rio de Janeiro.

[6] O *Programa Escola Aberta* foi executado pelo Ministério da Educação, por meio do Fundo Nacional de Desenvolvimento da Educação (FNDE/MEC), sob a coordenação da Secretaria de Educação Continuada, Alfabetização e Diversidade (Secad/MEC), em parceria com a Secretaria de Educação Básica (SEB/MEC) e com os ministérios do Trabalho e Emprego, do Esporte e da Cultura, contando com a cooperação da Organização das Nações Unidas para a Educação, a Ciência e a Cultura (Unesco), com duração prevista de 40 meses.

públicas de educação básica em espaços alternativos para o desenvolvimento de atividades complementares às ações educacionais, nos fins de semana. O objetivo desse programa é melhorar a qualidade da formação dos participantes e contribuir para a construção de uma cultura de paz, reduzindo os índices de violência e aumentando as oportunidades de emprego aos jovens, sobretudo àqueles em situação de vulnerabilidade social. Oficinas e atividades de lazer, esporte, educação e cultura foram oferecidas aos alunos e à comunidade, transformando a escola em ambiente aberto à criatividade, ao convívio pacífico e à aprendizagem permeada pelas práticas culturais e esportivas.

Considerando que a identidade é construída no cotejamento pelos indivíduos entre sua subjetividade e a objetividade contextual, pretendemos, no projeto "Toque... e se toque!", estabelecer procedimentos que sejam sensíveis a essa dinâmica. Como conceber, pedagogicamente, metodologias de educação em música, voltadas para as subjetividades e os contextos dos jovens oriundos das camadas populares de nossa cidade? Quais são seus anseios e necessidades?

Pensamos que devam ser metodologias participativas, coerentes com uma visão de educação culturalmente contextualizada, baseadas nas músicas do cotidiano das populações assistidas, possibilitando, simultaneamente, sua expressão e a ampliação de seu campo de percepção. Por isso, optamos por desenvolver metodologias que tenham como suporte a Música Popular Brasileira.

A metodologia põe em relevância o aprendizado das técnicas necessárias para o uso de instrumentos musicais que também pertencem ao seu universo cultural — violão, cavaquinho, percussão e voz[7] — e o treinamento auditivo, coerente com um ensino de

---

[7] Utilizamos, também, a flauta doce, que, apesar de não pertencer ao universo cultural brasileiro, tem a seu favor a simplicidade técnica, um facilitador para a iniciação musical.

música baseado no trinômio ouvir-interpretar-criar. Tal treinamento permite aos usuários a prática da escuta, contribuindo para o exercício da atenção, abstração, domínio do simbólico e posterior apropriação das formas simbólicas da humanidade.

Com oficinas para o aprendizado desses instrumentos, por meio da vivência em grupo para crianças, jovens e adultos, utilizamos um repertório musical voltado para os interesses e potencialidades da comunidade, e que valorizasse a produção dos artistas e da cultura nacionais. Além disso, pesquisamos técnicas de didática em música que possibilitassem o acesso de todos os que querem aprender música, sem priorizar o talento ou qualquer outro fator discriminatório.

As atividades ocorrem aos sábados e são aplicadas por estudantes do Curso de Graduação em Licenciatura em Música da UFRJ, e o projeto atende tanto a alunos, por meio da aquisição das habilidades artísticas mencionadas, como também serve de laboratório para estudantes de graduação (licenciandos) da UFRJ, propiciando, assim, a vivência dos entendimentos musicais dos cotidianos e a elaboração da sua práxis em sala de aula, viabilizando sua inserção no mercado de trabalho.

Ao atribuir aos grupos a escolha do repertório, o projeto demanda que o licenciando esteja atento ao contexto em que se está trabalhando. Um repertório totalmente distante da realidade dos indivíduos não poderá funcionar como mote para um trabalho de ampliação das possibilidades técnicas, perceptivas, interpretativas e criativas das pessoas. E aí nos deparamos com a segunda questão de nossa pesquisa: Que métodos utilizam a Música Popular Brasileira como suporte para as questões técnicas a serem desenvolvidas? E, mesmo que encontrássemos métodos com essas características, como suprir a demanda pelas novas músicas, que estão sendo veiculadas na mídia e que se tornam parte do repertório de nossos alunos? Como acompanhar essa demanda com um método fechado?

Tornando os graduandos em música aptos a construir os próprios arranjos, a elaborar o material pedagógico e, principalmente, a vivenciar uma educação participativa, onde alunos e professores constroem, juntos, o conhecimento. Essa é a terceira questão que nos impõe: Como tirar o licenciando, futuro professor de música de nosso país, da posição de "depositário" de informações para "parceiro" na construção do conhecimento musical de nossos alunos?

Organizamos nosso trabalho procurando responder a essas questões. Entendemos que iniciar um sujeito na prática musical corresponde a um processo de alfabetização, já que consideramos a música uma linguagem. Quando um jovem, uma criança ou um adulto decide estudar música, sua motivação é o gostar. No entanto, às vezes isso não é suficiente, e muitas pessoas abandonam o aprendizado no meio do caminho ou carregam a frustração de anos e anos de estudo sem jamais se tornarem os músicos que gostariam de ser. Como diz Sloboda (1997), todos nós que trabalhamos com música o fazemos porque, em primeiro lugar, a amamos.[8]

> Justamente pelo fato de trazermos o amor em nós mesmos, também carregamos uma perplexidade; apesar da nossa profunda familiaridade com ela, a música ainda permanece, em muitos níveis, um mistério. Não compreendemos realmente o que é a música, como é que ela chega a exercer esse profundo

---

[8] *I guess that all of us are here because, in one way or another, we love music. It is that love which has led us to become teachers, performers, researchers, concerned to deepen our awareness and effectiveness in ensurging that music and musicians are held in high esteem by society and given society's best resources* (Sloboda, 1997).

efeito em nós, porque ela mexe conosco, nos fascina, nos traz sempre de volta a ela, repetidas vezes.

Se mesmo para nós, músicos profissionais, professores e pesquisadores, a música ainda é um *mistério,* que pensar do aluno que está se iniciando neste mundo tão vasto e instigante? Se nós mesmos não temos clareza da natureza do fenômeno com o qual convivemos e trabalhamos, que faremos para ensinar esse doce mistério? Para ensinarmos música precisamos *saber do que estamos falando.* Swanwick (1988) questiona se podemos ensinar o que não sabemos o que é.

Podemos planejar um currículo para o que não sabemos definir? Podemos ensinar o que não sabemos definir? Podemos avaliar o que não sabemos definir?[9]

Agir e pensar como músico envolve um entreolhar de habilidades que dão suporte à compreensão mais ampla e profunda dos processos musicais. O iniciante em música deve desenvolver essas habilidades e progredir em direção à maestria. Este é um assunto da educação.

Partimos de Vygotsky (2000), com os conceitos sobre "mediação simbólica" e "zona de desenvolvimento proximal", para elaborar o trabalho no projeto "Toque... e se toque!". Seus estudos sobre os processos cognitivos que atuam na formação do pensamento e na aquisição dos *conceitos sistematizados*[10] pela criança, além

---

[9] *Can we plan a curriculum for what we cannot define? Can we teach what we cannot define? Can we assess what we cannot define?* (Swanwick, 1988:123).
[10] "Conceitos sistematizados" é a tradução que usaremos em nosso trabalho correspondente à *nauchnii.* Esta palavra também pode ser

de nos fornecerem uma base de entendimento para os processos musicais propriamente ditos, nos acenam para a importância da educação no processo de crescimento do ser humano filogênica e ontogenicamente falando. As pesquisas de Vygotsky já afirmavam o que as biociências hoje dizem: que a vida é, basicamente, "uma persistência de processos de aprendizagem. Seres vivos se caracterizam por manterem, de forma flexível e adaptativa, a dinâmica de continuar aprendendo" (Assmann, 1999).

Vygotsky inicia seu trabalho no final dos anos 1920 analisando o papel dos signos psicológicos na formação das funções psicológicas superiores.[11] Sua preocupação relaciona-se, inicialmente, com a ontogênese específica do pensamento verbal: como nasce? Como é alcançado com o desenvolvimento? Como a fala e o pensamento, originalmente separados, acabam por se juntar? Em seguida, investiga o papel desempenhado pela palavra, como guia do pensamento, em direção a formas adultas de conceituação.

Psicólogos contemporâneos de Vygotsky reconhecem a contribuição dos instrumentos e signos na solução de problemas, e, portanto, o papel da linguagem. Ele diz que uma palavra não se refere a um único objeto, mas a um grupo ou uma classe de objetos: cada palavra já é uma generalização.

> As palavras parecem o nome das coisas. A maioria — não todas — parece se referir a objetos específicos. As palavras pare-

---

traduzida como "conceitos científicos" (tradução mais usada nos textos de Vygotsky), "acadêmico" ou, em inglês, *scholarly* (traduzido por Gallimore e Tharp como "conceitos escolarizados"). Os dois últimos termos tornam ainda mais clara a conexão que Vygotsky fazia entre o discurso conceitual e a instituição social da instrução formal.

[11] Para maiores esclarecimentos, ver *Pensamento e linguagem,* Vygotsky (1998).

cem ser o material do pensamento e não afetar o pensamento em si. Primeiramente, adquira palavras, por assim dizer, só depois pense nelas. Ou pense sobre ideias e então ponha esse pensamento em palavras.

Também entendemos música como generalizações. Como produto do pensamento, da inteligência. Sim, porque desde a categorização mais simples do som musical — as alturas socialmente categorizadas[12] — encontramos uma espécie de "convenção social" que autoriza essa categorização. Sabemos que a compreensão musical requer o agrupamento de estímulos em padrões e o relacionamento entre esses padrões. Como diz Meyer (1956):

> Hoje somos capazes, eu acho, de assumir um ponto de vista um pouco mais esclarecido sobre esses assuntos. O acesso simples que quase todos os indivíduos têm à música grandiosa torna quase aparente que uma sinfonia de Beethoven não é um tipo de "banana split" musical, um assunto de diversão puramente ligada aos sentidos. A obra dos psicólogos da *gestalt* demonstrou, sem sombra de dúvida, que a compreensão não é um caso de se perceber estímulos únicos ou combinações sonoras simples isoladas, mas ao invés disso, um caso de se "agrupar estímulos em padrões e relacionar esses padrões uns com os outros". Finalmente, os estudos de musicólogos comparativos trazendo a nossa atenção à música de outras culturas fizeram-nos conscientes, cada vez mais, de que a organização específica desenvolvida na música ocidental não é universal, natural ou fornecida por Deus.[13]

---

[12] Aqui estamos tratando da música tonal na cultura ocidental. Para essa música, as alturas socialmente categorizadas correspondem às notas musicais.

[13] *Today we are, I think, able to take a somewhat more enlightened view of these matters. The easy access which almost all individuals have to great music*

Na aprendizagem infantil, as palavras não pulam repentinamente de dentro da linguagem ou da vida cotidiana para a mente das crianças. Compreender e usar uma palavra é compreender uma generalização. O mesmo se diz das questões musicais. Apesar de haver uma aprendizagem espontânea, tanto linguística como musical, faz-se necessária uma sistematização. Seguir Vygotsky, conforme essa lógica se apresenta, é abraçar a ideia da educação como fundamental para o processo de desenvolvimento do indivíduo, numa visão socioconstrutivista da aprendizagem musical.

Ao longo da história da espécie humana, os signos não se mantêm como marcas externas isoladas, referentes a objetos avulsos, nem como símbolos usados por indivíduos particulares. Passam a ser signos compartilhados pelo conjunto de membros do grupo social, permitindo a comunicação entre indivíduos e o aprimoramento da interação social. Esta seria a outra mudança no uso do signo e acontece quando "sistemas simbólicos" são desenvolvidos, organizando os signos em estruturas complexas e articuladas. Portanto, os sistemas de representação da realidade são socialmente construídos: é o grupo cultural onde o indivíduo se desenvolve que lhe fornece formas para perceber e organizar o real, formas que vão construir os instrumentos psicológicos que fazem a mediação entre o indivíduo e o mundo.

makes it quite apparent that a Beethoven symphony is not a kind of musical banana split, a matter of purely sensuous enjoyment. The work of the Gestalt psychologists has shown beyond a doubt that understanding is not a matter of perceiving single stimuli, or simple sound combinations in isolation, but is rather a matter of grouping stimuli into patterns and relating these patterns to one another. And finally, the studies of comparative musicologists, bringing to our attention the music of the other cultures, have made us increasingly aware that the particular organization developed in Western music is not universal, natural or God-given (Meyer, 1956).

Acompanhamos Vygotsky em seu raciocínio sobre a linguagem enquanto constructo do pensamento porque acreditamos que, da mesma forma que as questões sobre a natureza das palavras deslocam-se para a natureza do pensamento, as questões sobre os padrões musicais e seus relacionamentos deslocam-se para questões do pensamento musical.

A metodologia utilizada no projeto "Toque... e se toque!" confere significado ao processo de ensino e aprendizagem, posto que apresenta significação para os indivíduos, contribuindo, inclusive, para o fortalecimento da autoestima. Acompanhar o raciocínio de nossos alunos passo a passo, propor estratégias para lidar com os signos e os sistemas simbólico-musicais articulados em representações socialmente construídas e facilitar a expressão dos grupos culturais onde eles estão inseridos, essa é a nossa metodologia. E se exprime em ações nas aulas e nas performances vivenciadas por todos: coordenador, professor, licenciandos e alunos do projeto. Ao se fundamentar a opção por um ensino de música numa perspectiva socioconstrutivista e se aproximar do discurso vygotskiano, não se pretende chegar à formulação de uma didática prescritiva, mas, sim, a um conjunto de princípios e marcos operativos.

Tendo a Música Popular Brasileira como suporte, o projeto incentiva a participação da comunidade e contempla sua diversidade cultural e de seus membros. Estes adquirem visibilidade, porque seu potencial e sua autoestima estão manifestados por meio da arte e em coletividade, da maneira mais voluntária e prazerosa. Sem dúvida, a prática musical em conjunto é uma estratégia artística cujo reflexo, inclusive nos jovens participantes, se dá por um sentimento de inclusão social e de reconhecimento dos seus valores mais humanos e particulares.

Na prática musical proposta por este projeto, efetivamos o treinamento necessário para implantar um processo de musicalização que entende a educação como um todo, redimensionada pela inserção cultural. Essa prática vem acompanhada de uma metodologia que atenta para os seguintes aspectos de caráter técnico e didático: técnica vocal, prática instrumental, treinamento auditivo, escolha do repertório, análise musical e interpretação, arranjo e composição musicais.

O trabalho de técnica vocal atua como meio de possibilitar o aprimoramento desimpedido da voz, ou seja, o ato de cantar prazerosamente, através de estratégias que vinculem os exercícios ao repertório e às dificuldades técnicas que cada peça musical apresenta. Nessa metodologia, o professor se utiliza das canções escolhidas como inspiradoras de exercícios vocais necessários à utilização eficaz da voz e ao aumento da sua capacidade, mantendo, assim, a ligação entre técnica e prática musicais. É importante frisar que a aquisição de atitudes favoráveis à boa utilização da voz no canto ocorre primeiramente de modo espontâneo, pela prática, para depois sofrer um processo de conscientização das sistematizações, conforme referencial teórico adotado no projeto. A prática instrumental vem acompanhada dos requisitos técnicos correspondentes e será sempre pesquisada em relação à produção da Música Popular Brasileira. O treinamento auditivo, parte integrante de todo trabalho de educação musical, será desenvolvido a partir do repertório escolhido pelo grupo e, portanto, com significado para os jovens do projeto. A escolha do repertório acompanhará a proposta pedagógica do trabalho: o desenvolvimento de técnicas instrumentais e seu treinamento auditivo, através de critérios rigorosos de ordem técnica; a inserção na comunidade que os cerca, através da utilização do acervo da Música Popular Brasileira; a qualidade da autoestima, através do respeito ao seu gosto pessoal, com a utilização de arranjos próprios de músicas escolhidas por eles. Para trabalhar com um repertório nessa perspectiva, é necessário, da equipe pedagógica e de coordenação, especialização em confecção de *arranjos e/ou composições musicais*. A diversidade do repertório da Música Popular Brasileira possibilita um campo extremamente fértil para o trabalho de *análise musical e interpretação*. Ao se utilizar desse repertório e construir os próprios arranjos, a simplicidade das formas utilizadas e a motivação que estas formas produzem nos jovens constituem-se num texto de fácil acesso para análise e interpretação. Por se tratar de uma linguagem que utiliza signos e sinais correspondentes às ocorrências musicais desejadas, essa linguagem está sempre em desenvolvimento, recebendo novos impulsos a cada nova experiência.

Desde a sua implantação, em novembro de 2006, passamos por diversos formatos, experimentamos inúmeras metodologias e construímos diferentes currículos. Pretendemos que seja sempre assim, um espaço aberto à experimentação. Como dizem Bruner e Haste (apud Moll, 1996), "o desenvolvimento da criança depende do uso que ela faz da, digamos, caixa de ferramentas da cultura para expressar as forças do intelecto". Em nosso projeto, procuramos ampliar a "caixa de ferramentas" de nossos alunos e esperamos que, com o passar do tempo, eles a utilizem para expressar cada vez mais as próprias forças e desejos.

Hoje trabalhamos no seguinte formato: os alunos escolhem, entre os instrumentos oferecidos, aqueles que querem estudar e fazem aulas em grupo de técnica instrumental, orientados pelo licenciando especialista, sob a supervisão do coordenador do projeto. As aulas de percepção musical são direcionadas às questões teóricas e ao processo de escuta e interpretação, trabalhadas através da flauta doce ou da voz, dependendo da escolha do aluno. A aula de prática de conjunto completa a carga horária, e nela são ensaiadas as músicas utilizadas nas aulas de técnica instrumental. Todos os alunos participam, nos diversos níveis de desenvolvimento em que se encontrarem: no início do processo, de forma bastante simples, cantando ou tocando pequenos arranjos em seu(s) instrumento(s). Conforme vão se desenvolvendo, aumenta a sua participação, com arranjos mais complexos.

Cada aluno deve participar de pelo menos dois concertos anuais, devendo ser um em Mesquita (RJ), em evento agendado pela coordenação, em comum acordo com toda a equipe do projeto. A equipe consta de um coordenador (profa. Maria Alice da Silva Ramos Sena), um professor auxiliar (prof. Rodrigo Russano), um licenciando especialista em canto, um licenciando especialista em cavaquinho, dois licenciandos especialistas em flauta doce, um licenciando especialista em percussão, um licenciando especialista em teoria musical e dois licenciandos especialistas em violão.

Exemplo da grade horária do projeto no primeiro semestre de 2011:

Turmas:	Violão 1	Violão 2	Cavaquinho	Canto 1	Canto 2	Percussão 1	Percussão 2
1º tempo	Prática de conjunto						
2º tempo	Violão 1	Flauta 2 ou percepção vocal 2	Cavaquinho	Canto 1	Flauta 2 ou percepção vocal 2	Percussão 1	Flauta 2 ou percepção vocal 2
3º tempo	Flauta 1 ou percepção vocal 1	Violão 2	Flauta 1 ou percepção vocal 1	Flauta 1 ou percepção vocal 1	Canto 2	Flauta 1 ou percepção vocal 1	Percussão 2

Refletir sobre o ensino de música numa perspectiva sociocultural nos leva a pensar sobre a educação como um todo, redimensionada pela inserção cultural. Reafirmamos nossa profunda convicção de que uma sociedade só será realmente um lugar *para todos* se *todos* entenderem que não podemos trabalhar sozinhos e que a exclusão de alguns (para não dizer, de muitos) não é mais só um problema dos excluídos, mas sim da sociedade por inteiro, pois todos estão sendo atingidos.

Redimensionar Vygotsky é realmente um desafio. No projeto, buscamos refletir o ensino da música como um "fenômeno educacional situado dentro de um contexto social, por sua vez inserido em uma realidade histórica que sofre toda uma série de determinações" (Lüdke E André, 1986). Procuramos compreender a realidade dinâmica e complexa de nosso objeto de estudo em sua realização histórica e, ainda, envolver um universo de sujeitos considerados em sua dimensão significativa enquanto grupo, sendo, por isso (e principalmente!), um "saudável exercício para a educação" (Oliveira Filho, 1999).

Para terminar, citaremos Rorty-Kundera (apud Doll, 1997):

> Existe um reino fascinante, imaginativo, onde ninguém é dono da verdade e todos têm o direito de serem compreendidos. Em nossas explorações do conhecimento, não estamos lidando com uma realidade já estabelecida lá fora para ser descoberta por nós, e sim com múltiplas maneiras de interpretar o eco da risada de Deus.

Referências bibliográficas

ASSMANN, Hugo. *Reencantar a educação*: rumo à sociedade aprendente. 3. ed. Petrópolis: Vozes, 1999.

BOURDIEU, Pierre. *O poder simbólico*. 10. ed. Rio de Janeiro: Bertrand Brasil, 2007.

DANIELS, Harry. O indivíduo e a organização. In: DANIELS, Harry (org.). *Vygotsky em foco*: pressupostos e desdobramentos. Trad. Mônica Saddy Martins e Jafot Cestan. 2. ed. São Paulo: Papirus, 1995. 284p.

DOLL William E. Jr. *Currículo, uma perspectiva pós-moderna.* Trad. Maria Adriana Veríssimo Veronese. Porto Alegre: Artes Médicas, 1997. 224p.

HABERMAS, Jürgen. *A lógica das ciências sociais*. Petrópolis: Vozes, 2009.

LÜDKE, Menga; ANDRÉ, Marli E. D. A. *Pesquisa em educação:* abordagens qualitativa. 5. reimpressão. São Paulo: EPU, 1986.

MEYER, Leonard B. *Emotion and Meaning in Music.* Chicago: The University of Chicago Press, 1956.

MOLL, Luis C.; GREENBERG, James B. A criação de zonas de possibilidades: combinando contextos sociais para a instrução. Trad: Fani A. Tesseler. In: MOLL, Luis C. (org.). *Vygotsky e a educação:* implicações pedagógicas da psicologia sócio-histórica. Porto Alegre: Artes Médicas, 1996. 432p.

OLIVEIRAS FILHO, Geraldo Leão das. *A opção por uma educação musical norteada pelo princípio de platôs*. Dissertação (Mestrado em Música Brasileira) — UNI-RIO, Rio de Janeiro, 1999.

OLLENT, Michel. *Metodologia da pesquisa-ação*. São Paulo: Cortez, 1996.

REGO, Teresa Cristina. *Vygotsky*: uma perspectiva histórico-cultural da educação. 4. ed. Petrópolis: Vozes, 1997. 138p.

SLOBODA, John A. Music as a language. In: WILSON, Frank; ROEHMANN, Franz L. (eds.). *Music and child development*. St Louis: MMB Music, 1997.

SWANWICK, Keith. *Music, mind and education*. Londres: Routledge, 1988.

VYGOTSKY, Lev S. *Pensamento e linguagem*. São Paulo: Martins Fontes, 1998. 135p.

_____. *A formação social da mente*. 6. ed. São Paulo: Martins Fontes, 2000. 191p.

Formação docente em ciências biológicas no CAp UFRJ:
refletindo sobre tradições e inovações

Carla Mendes Maciel
Filipe Silva Porto
Isabel Victória Lima
Maria Matos
Mariana Lima Vilela
Natalia Rios

A ideia da criação de colégios de aplicação no Brasil remonta à década de 1940, em um contexto educacional em que intensas discussões eram travadas em torno da educação básica, em busca de uma abertura do sistema educacional para aqueles até então excluídos da escola. Nessa época, o Brasil se industrializava, e era importante pensar a formação da mão de obra necessária. Para a reestruturação da educação básica, torna-se também central a questão da formação docente. Assim, em 1945 começam os primeiros estudos para implantação de colégios de aplicação vinculados às faculdades de filosofia (Frangella, 2002).

A concepção dos colégios de aplicação é viabilizada através do Decreto-Lei nº 9.053, de 12 de março de 1946, que estabelece a criação obrigatória de colégios de demonstração junto às faculdades de filosofia, destinados à prática docente dos alunos matriculados no curso de didática. Nasce, assim, o Colégio de Aplicação da Faculdade Nacional de Filosofia da Universidade do Brasil — atual Colégio de Aplicação da UFRJ — em agosto de 1948. Dessa forma, desde sua gênese, fica explicitado que sua função precípua estaria atrelada à melhoria da formação docente (Frangella, 2002). Entendemos que o cenário atual da educação brasileira é diferente daquele em que ocorreu a criação dos CAp; com isso, sua função original e atuação na formação docente veio sendo transformada.

Assim, a despeito da relevância do Colégio de Aplicação no ensino básico, focalizamos neste texto as questões e reflexões realizadas no âmbito do Setor de Ciências Biológicas que tangem à nossa atuação na formação docente. Nesse sentido, apresentamos relatos de algumas de nossas experiências, acompanhados de discussões sobre nossa inserção em um cenário que nos desafia a compreender melhor nosso papel como corresponsáveis na formação de futuros professores.

Compreendemos que o cenário caracteriza-se por dois delicados aspectos. O primeiro relaciona-se com o caráter de "território contestado", sobre o qual se desenha, de forma complexa, a atribuição e a responsabilidade de formar professores no país. Já o segundo aspecto relaciona-se às recentes transformações da função social originalmente atribuída aos colégios de aplicação na educação brasileira.

Considerando o primeiro aspecto, nos apropriamos de Monteiro (2005) para caracterizar a formação docente como "território contestado". De acordo com a autora, a concepção da ação docente no Brasil perpassou diversas fases, com diferentes concepções sobre o que é ser um professor, quais os saberes necessários para a prática docente e seus espaços de produção durante a formação. Diferentes modelos de formação têm refletido diferentes ideias sobre o trabalho do professor ao longo da história, enfatizando variados aspectos. Por vezes os modelos de formação enfatizam os saberes específicos, por outras destacam as técnicas para transmissão eficiente de conteúdos. Em outros momentos valorizam a dimensão pedagógica da docência ou focalizam a produção do saber pelo próprio professor. Essas variadas ênfases trazem embutido um conflito sobre quem é, afinal, o principal responsável pela formação docente: as instituições de produção do conhecimento específico, as faculdades de educação ou as próprias escolas?

Por serem instituições de ensino básico que tradicionalmente atuam na formação docente, os colégios de aplicação se inserem nesse conflito, nesse "território contestado" da formação de professores. Por isso, entendemos que o papel de seus docentes como formadores não é definido *a priori*, mas é permanentemente construído e negociado no diálogo com os demais atores da formação docente. No caso das licenciaturas da UFRJ, esses demais atores são os docentes dos institutos de áreas específicas, a Faculdade de Educação (FE) e outras escolas públicas, que recebem, assim como o CAp, licenciandos para a realização das práticas de ensino.

Quanto ao segundo aspecto que temos como horizonte do nosso debate, cabe compreender que a função originalmente atribuída aos colégios de aplicação na educação brasileira vem se modificando ao mesmo tempo em que os processos de escolarização de massas vieram se ampliando nas últimas décadas. Nesse movimento, o espaço escolar da formação docente, antes restrito aos colégios de aplicação, foi ampliado para escolas da rede pública a partir da década de 1960 (Candau, 1987). No Curso de Licenciatura em Ciências Biológicas da UFRJ, essa ampliação vem se dando progressivamente nos últimos 10 anos, principalmente a partir da criação do curso noturno em 1998. Assim, ao mesmo tempo em que os colégios de aplicação deixaram de ser o espaço escolar exclusivo da formação docente nas universidades, sua função original também vem sendo modificada. Se por um lado o caráter técnico-aplicacional do modelo de formação docente inaugural dos cursos de licenciatura veio sofrendo mudanças nos últimos anos (Andrade et al., 2004), por outro o próprio corpo docente do CAp UFRJ tem atuado na formação docente, não mais como "modelos de professores a serem reproduzidos pelos licenciandos", e tem assumido cada vez mais o protagonismo em diferentes atividades formadoras no espaço escolar. No caso específico do Setor de Ciências Biológicas, o corpo docente tem atuado ao lado dos professores da FE não apenas em atendimento de planejamentos de atividades do estágio, mas também tem participado ativamente das implicações formativas que permeiam as diversas atividades docentes vivenciadas por licenciandos durante a prática de ensino.

Assim, sem perder de vista os dois aspectos — a formação docente como território contestado e a transformação da função original dos colégios de aplicação —, o objetivo deste texto é apresentar e refletir sobre as diversas formas da atuação do Setor de Ciências Biológicas na formação docente na universidade.

Refletindo sobre nossas tradições na formação: a atuação na prática de ensino

A prática de ensino é o espaço curricular da licenciatura no qual os professores do colégio de aplicação vem atuando tradicionalmente na formação docente. Na Licenciatura em Ciências Biológicas da UFRJ, esse componente curricular corresponde ao estágio supervisionado de 300 horas. O modelo de estágio da prática de ensino no Setor Curricular de Ciências Biológicas inclui as etapas de observação, coparticipação e regências (Ferreira et al., 2003). Todo o processo conta com o trabalho dos docentes do CAp UFRJ e da FE junto aos licenciandos no desenvolvimento de atividades formativas orientadas. Durante o ano letivo, essa ação conjunta se expressa em diversas atividades docentes, além da preparação e do desenvolvimento de aulas, que incluem: produção de materiais didáticos, realização de reuniões pedagógicas, participação em conselhos de classe, elaboração de instrumentos de avaliação de alunos, entre outras.

O modelo de estágio implementado pelo Setor de Ciências Biológicas em conjunto com a FE é algumas vezes interpretado como "uma ilha da fantasia", como se este representasse um exercício de magistério distante da realidade das diversas escolas em que o futuro professor venha atuar. Entendemos, no entanto, que cada escola possui uma realidade singular, sendo qualquer experiência de formação inicial, em qualquer espaço escolar, sempre limitada, incompleta e parcial. Para nós o que seria a "ilha da fantasia" é, na verdade, o exercício de aproveitamento máximo das condições oferecidas por determinada realidade para a execução do melhor trabalho possível, tanto para os alunos do ensino básico quanto para a formação dos licenciandos.

Compreendemos que o trabalho realizado na prática de ensino no CAp UFRJ apresenta características que viabilizam um rico exercício formativo tanto para os alunos da escola quanto para os licenciandos. Entre essas características, destacamos como aquelas que são fundamentais nesse modelo de formação: (i) a permanente integração entre o ensino básico e o ensino superior; (ii) o permanente diálogo formativo; e (iii) a constituição de coletividades.

A *integração entre o ensino básico e o ensino superior* se materializa em atividades de sala de aula, tais como: estudos dirigidos, jogos, aulas práticas e excursões de campo. Estudos dirigidos são materiais impressos em que determinado conteúdo escolar é trabalhado sob a forma de leitura de texto, imagens ou gráficos, que se intercalam com perguntas e/ou atividades às quais o aluno deve responder naquele momento. As perguntas incluem pequenos desafios que levam os alunos a construir ativamente os conceitos e relações propostos. Nesse processo, muitas dúvidas aparecem, e a presença dos licenciandos é crucial para o melhor aproveitamento da atividade, pois, junto com o professor regente, eles podem atender aos alunos de forma particular. Essas situações em que os professores do CAp partilham a atuação docente com licenciandos permitem que estes estabeleçam vínculos com os alunos da escola básica e comecem a compreender as particularidades das abordagens dos conceitos biológicos no contexto escolar.

As propostas de excursão de campo também possibilitam a integração entre ensino básico e superior. Conteúdos escolares de ciências e biologia são propícios à realização de excursões de campo e visitas a instituições de pesquisa. Muitos dos estagiários de licenciatura possuem experiência recente com pesquisas de campo (ecologia, zoologia e botânica) e de laboratório (citologia, genética etc.) adquiridas junto às disciplinas da graduação. Assim, a elaboração e a execução dessas atividades reúnem a experiência didática do professor regente às novidades da formação acadêmica dos estagiários. Um dos aspectos mais marcantes nesse tipo de atividade é o envolvimento dos estagiários no planejamento e na realização de uma excursão, com a proposta de atender a múltiplos objetivos de ensino (Guarino & Silva-Porto, 2010), entre eles integrar diferentes conteúdos da biologia, analisar situações pedagógicas e, em alguns casos, dialogar com outras disciplinas, tais como geologia, geografia, história etc.

Essas experiências são enriquecidas pelo fato de que a inserção dos licenciandos nas atividades pedagógicas é norteada por um *permanente diálogo formativo* entre licenciandos, professores do CAp e da FE, que se estabelece nos espaços dos atendimentos semanais em que se vivenciam experiências de planejamento. Por exemplo, durante a elaboração das atividades citadas acima, os licenciandos são estimulados a apresentar propostas preliminares inseridas no planejamento dos professores regentes. Nesse processo vivenciam os desafios de selecionarem conteúdos e elaborarem estratégias de ensino, que vão sendo replanejadas à medida que eles vão se apropriando das propostas curriculares em curso e se familiarizando com os alunos das turmas e com a experiência dos professores que acompanham cotidianamente (Vilela & Gomes, 2010).

Todos esses aspectos do trabalho docente são vivenciados em grupos, o que permite que cada licenciando participe da constituição de coletividades docentes, que se constroem por meio da criação de espaços onde esses grupos de licenciandos, ao lado dos professores regentes e professores da Faculdade de Educação, também aprendem a atuar como docentes em uma vivência coletiva. O caráter da *coletividade como possibilidade formativa* (Vilela et al., 2006) é um dos aspectos que também confere uma grande força a este modelo de estágio, pois permite que a vivência dos licenciandos entre si e com os futuros pares incorpore situações de tomada de decisões, propiciando uma leitura do trabalho pedagógico como uma prática complexa com múltiplas possibilidades, em que, diferente de um modelo prescritivo, cabe fazer escolhas e avaliá-las permanentemente. À medida que os grupos debatem e tomam decisões sobre as atividades pedagógicas a serem desenvolvidas, os licenciandos constituem um entendimento sobre seu papel na construção de propostas curriculares e passam a perceber o valor da autonomia do trabalho docente (Vilela et al., 2013). Acreditamos que a formação dos grupos de licenciandos garante esse espaço de debate e que o desenvolvimento dessa percepção dificilmente ocorra em experiências isoladas e individuais de formação na prática de ensino. A coletividade permite que uma maior multiplicidade de ideias circule e algumas sejam selecionadas em detrimento de outras. Esse exercício de escolher ideias para serem executadas faz com que os licenciandos experimentem sua autonomia ainda na formação inicial, valorizando a produção de conhecimentos pelo professor (Vilela et al., 2013).

Para além da tradição: relatando nossa atuação em outros espaços de formação

Embora tenha sido criado para funcionar como campo de estágio dos cursos de formação de professores da universidade, o CAp UFRJ vem ampliando sua atuação na formação docente por meio da participação em diversos projetos de pesquisa e extensão na universidade. O Setor Curricular de Biologia tem atuado no ensino, na pesquisa e na extensão, tanto em amplos projetos institucionais quanto em projetos internos.

Destacamos inicialmente nossa participação no projeto institucional "A formação docente na UFRJ: espaço de diálogo entre saberes", no período entre 2007 e 2009. O projeto é parte do "Programa de Consolidação das Licenciaturas" — Prodocência/CAPES — e tem como finalidade "a ampliação e a consolidação dos canais de diálogo entre os formadores de professores que atuam nas unidades acadêmicas da UFRJ, produzindo alternativas curriculares que contribuam para a melhoria da formação dos futuros professores". As ações no Prodocência/CAPES vêm consolidando a parceria entre o CAp e a FE e criando outras formas de atuação de docentes do CAp para além das atividades tradicionalmente realizadas na prática de ensino. Entre 2007 e 2009, elaboramos oficinas pedagógicas voltadas para licenciandos dos cursos diurno e noturno de ciências biológicas, buscando parcerias com outros institutos da universidade e com professores das redes estadual e municipal de ensino. Essas oficinas resultaram na elaboração de materiais didáticos que foram aplicados no CAp UFRJ ou em outras escolas (Ferreira et al., 2010).

Nossa participação na formação de licenciandos também vem sendo ampliada através de uma maior colaboração no curso noturno de Licenciatura de Ciências Biológicas. Desde 2007, o setor vem orientando os licenciandos para a produção de materiais didáticos escolares como parte das atividades da prática de ensino. Esse trabalho vem sendo construído no diálogo com docentes da FE e tem fortalecido o papel do CAp na formação inicial na universidade. Avaliamos que as atividades de produção de material didático são fundamentais, pois proporcionam ao docente em formação, além da rica experiência do trabalho coletivo, o reconhecimento de sua identidade como "professor-autor" das próprias produções.

Além disso, os professores do Setor de Ciências Biológicas do CAp criaram espaços de atuação na formação continuada ao atuarem como orientadores e validadores da elaboração de materiais didáticos para o Portal do Professor do MEC. O desenvolvimento dessa atividade permitiu a criação de vínculos com professores de outras escolas e viabilizou a troca de conhecimentos, partilhando experiências vividas em diferentes realidades educacionais.

Também em parceria com docentes da Faculdade de Educação, o Setor de Ciências e Biologia do CAp vem atuando no "Projeto Fundão Biologia",[1] espaço institucional em que foi desenvolvido o projeto "Integrando a formação inicial e continuada de professores

---

[1] O "Projeto Fundão Biologia" é um projeto de extensão pioneiro na UFRJ, atuante desde os anos 1980, que se configura como importante referência para licenciandos e professores de ciências e biologia no estado do Rio de Janeiro (Fernandes et al., 2007; Fernandes, Dantas & Ferreira, 2009).

de ciências e biologia na UFRJ".[2] Através desse projeto, desenvolvido no ano de 2008, estabelecemos uma interlocução com duas escolas da rede estadual de ensino: o Colégio Estadual Guilherme Briggs, em Niterói, estado do Rio de Janeiro, e a Escola Estadual Belmiro de Medeiros, no bairro da Ilha do Governador, na cidade do Rio de Janeiro. As duas escolas contempladas nesse projeto receberam licenciandos da UFRJ e da Universidade Federal Fluminense (UFF), que realizaram atividades pedagógicas originalmente desenvolvidas no CAp, tais como a montagem de terrários, "Ciranda da Leitura" e aulas práticas (Matos et al., 2009). Nesse trabalho, as ações de ensino básico e as experiências formativas de licenciandos desenvolvidas no CAp foram partilhadas com outras escolas. Estas atividades foram adaptadas para o uso em outros contextos, inclusive o Ensino de Jovens e Adultos, enriquecendo a própria formação dos docentes envolvidos no processo.

Ainda no âmbito das ações do "Projeto Fundão Biologia", um dos muitos desdobramentos do projeto foi a criação, em 2009, do "Grupo de formação continuada do Projeto Fundão Biologia". O grupo se reúne quinzenalmente no espaço do projeto e é composto por professores do CAp, da escola básica da rede pública e particular e por alunos de Licenciatura em Ciências Biológicas. Nos encontros do grupo, os professores levantam questões sobre os temas e/ou trazem sua experiência; discutem textos e realizam um levantamento de ideias a partir de questões e experiências compartilhadas; planejam "novas" práticas de ensino em suas escolas a partir do que foi discutido; partilham o planejamento e as reflexões com a materialidade da própria sala de aula; e trazem um retorno do que foi desenvolvido em sala de aula. A partir

---

[2] Projeto contemplado pelo Edital Faperj nº 10/2007, do programa "Apoio à melhoria do ensino nas Escolas Públicas do Estado do Rio de Janeiro".

dessas atividades integradas, foram estreitados vínculos com os professores da rede pública, entre eles, um professor do Ciep 369 (Brizolão Jornalista Sandro Moreyra — Duque de Caxias, RJ) que buscou sua inserção no referido "grupo" com o intuito de implementar um laboratório de ensino de ciências e biologia na escola.

Assim, no intuito de integrar os esforços dos projetos de extensão desenvolvidos no CAp e no "Projeto Fundão Biologia" com as demandas de melhoria do ensino de ciências e biologia no Ciep 369, foi elaborado o projeto "Diversificando estratégias de ensino de ciências e biologia no diálogo universidade escola".[3] Em colaboração mútua, buscamos ampliar e fortalecer tanto as ações de formação continuada junto à referida escola quanto as atividades de pesquisa e extensão que vem sendo realizadas no CAp. Essas atividades envolvem diferentes atores, sendo realizadas por professores do Ciep ao lado de docentes do CAp e da FE orientando bolsistas[4] em três níveis de formação: professores da rede estadual e municipal como bolsistas de apoio técnico, estudantes de graduação como bolsistas de iniciação científica e extensão e alunos do Ensino Médio como bolsistas de pré-iniciação científica.

Atualmente o setor vem mantendo as atividades aqui relatadas e participando do Curso de Especialização em Ensino de Ciências e Biologia, como parte do projeto institucional "Curso de Especialização em Saberes e Práticas da Educação Básica — Cespeb". Essa iniciativa é mais uma que vem fortalecer e ampliar a nossa atuação para além da prática de ensino.

---

[3] Projeto contemplado pelo Edital Faperj nº 21/2010, do programa "Apoio à melhoria do ensino nas Escolas Públicas do Estado do Rio de Janeiro".

[4] Bolsistas Faperj — TCT, IC e "Jovem Talento" — e Bolsistas Pibex UFRJ.

Reflexões finais

Criado para funcionar como campo de estágio da formação de professores na universidade, ao longo de sua trajetória o CAp UFRJ veio ampliando essa função original à medida que seu corpo docente, junto a alunos das licenciaturas e professores da FE, foi progressivamente contribuindo para o enriquecimento da dimensão prática da formação. A corresponsabilidade dos docentes do CAp na formação durante a prática de ensino tem sido fundamental para a configuração de um espaço formativo que transcende o entendimento da dimensão prática como simples aplicação de teorias educacionais ou de mera transmissão de conteúdos de ensino. Compreendendo o potencial da prática de ensino como lugar de produção de conhecimentos da formação (Monteiro, 2001), defendemos que os professores do Setor de Ciências Biológicas têm sido protagonistas na edificação de espaços de integração entre a vivência das mediações particulares da escola e os conhecimentos teóricos da formação, superando ações de formação meramente baseados nos conteúdos de suas disciplinas de referência que seriam supostamente aplicados na escola.

Sendo um espaço da universidade criado para a formação inicial, o CAp é um espaço privilegiado para a interlocução entre os saberes específicos, pedagógicos e docentes.[5] Especificamente no Setor de Ciências Biológicas, a possibilidade do diálogo entre os conhecimentos específicos de referência, os conhecimentos produzidos na Faculdade de Educação e os conhecimentos produzidos

---

[5] De acordo com Tardif (2002), o saber docente é um saber produzido pelos professores na sua atuação e consiste em um saber heterogêneo e plural constituído dos saberes das disciplinas, dos saberes curriculares, dos saberes da formação profissional e dos saberes da experiência, saberes atualizados, adquiridos e requeridos na prática docente.

pelos professores é enriquecida, pois os docentes orientadores transitam nos espaços da universidade e possuem tempo de trabalho para se dedicar à atividade de formação. Porém, para exercer esta ação dependem dos institutos de origem e da FE. Os três juntos em ação e interlocução podem atuar no "território contestado" da formação docente, de forma que o próprio professor em formação seja protagonista na produção de conhecimentos escolares ao longo de sua prática de ensino e na sua atuação profissional futura.

Além disso, toda essa experiência acumulada no setor devido à interlocução entre os diferentes saberes pode ser levada para outras escolas públicas a partir de projetos de extensão, com os quais dialogamos com outros professores, ampliando nossa ação para a formação continuada. Experiências como a orientação dos licenciandos do curso noturno e as atividades extensionistas têm apontado que o corpo docente do CAp pode protagonizar uma mediação frutífera entre a formação inicial e a continuada, na medida em que se propõe partilhar suas práticas e experiências. Se por um lado a incorporação de escolas da rede como campo de estágio permite enriquecer as experiências pelas quais os licenciandos passam durante a formação inicial, por outro traz desafios quanto ao enfrentamento de questões políticas e pedagógicas da escola brasileira, resultando em uma carência de integração entre escolas e universidades (Marcondes, 2002). As experiências vivenciadas no CAp têm materializado esforços nessa rica integração que vem sendo partilhada em recentes experiências de diálogos com outras escolas da rede pública.

Consideramos que, através de nossa atuação nos diversos projetos citados, tivemos a oportunidade de ampliar o diálogo entre as diferentes instâncias de formação docente da universidade — institutos de origem, FE e CAp — e firmar parcerias com professores das redes estadual e municipal de Ensino, referendando nosso papel na formação de professores. Esse processo permite diversificar realidades de atuação e formação docentes e contribui para o amadurecimento de experiências em torno do enfrentamento dos dilemas da profissão e da complexidade da organização escolar (Tardif & Lessard, 2005). Acreditamos que essas experiências iniciais na formação continuada possam fazer com que os professores fortaleçam-se coletivamente em suas ações e que possam dar continuidade às transformações de seu trabalho experimentadas em nossos projetos, independentemente do contato contínuo com a universidade. Nesse sentido, o fortalecimento da coletividade e a valorização da autonomia docente desenvolvidos no âmbito de nossas tradições na formação inicial vêm sendo progressivamente partilhados em nossas recentes atuações na formação.

Referências bibliográficas

ANDRADE, E. P.; FERREIRA, M. S.; VILELA, Mariana Lima; AYRES, Ana Cléa Moreira; SELLES, Sandra Escovedo. A dimensão prática na formação inicial docente em ciências biológicas e em história: modelos formativos em disputa. *Ensino em Revista*, Uberlândia, v. 12, n. 1, p. 7-19, 2004.

CANDAU, V. (coord.). *Novos rumos da licenciatura*. Brasília: Inep; Rio de Janeiro: PUC-Rio, 1987.

FERNANDES, K. B.; MESQUITA, W. R.; SILVA, N. P.; FERREIRA, M. S. Memórias do Projeto Fundão Biologia nos anos de 1980/90: investigando ações curriculares na formação docente. In: ENCONTRO REGIONAL DE ENSINO DE BIOLOGIA, 4., 2007, Seropédica. *Anais do IV Erebio — Ciências Biológicas e o Ensino de Biologia: tradições, histórias e perspectivas*. Seropédica: UFRRJ, Faperj e Cefet-RJ, 2007.

FERNANDES, K. B.; DANTAS, B. S.; FERREIRA, M. S. Formação continuada de professores em ciências e biologia: investigando opções e tradições curriculares nas oficinas pedagógicas do Projeto Fundão Biologia — UFRJ (1989-2000). In: ENCONTRO NACIONAL DE PESQUISADORES EM EDUCAÇÃO EM CIÊNCIAS (ENPEC), 7., 2009, Santa Catarina. *Anais...* Santa Catarina: UFSC, 2009.

FERREIRA, M. S.; VILELA, M. L.; SELLES, S. E. Formação docente em ciências biológicas: estabelecendo relações entre a prática de ensino e o contexto escolar. In: SELLES, Sandra Escovedo; FERREIRA, Marcia Serra (orgs.). *Formação docente em ciências*: memórias e práticas. Niterói: EdUff, 2003. v. 1, p. 29-46.

FERREIRA, M. S.; VILELA, M. L.; CASSAB, M.; GOMES, M. M.; BUENO, T. Oficinas de formação inicial docente em ciências e biologia: uma experiência no Prodocência UFRJ. In: ENCONTRO REGIONAL DE ENSINO DE BIOLOGIA RJ/ES, 5., 2010, Vitória. *Anais do V Erebio — Diferentes realidades, diferentes sujeitos*: tecendo fazeres e saberes no ensino de ciências e biologia, 2010.

FRANGELLA, R. C. P. A formação docente no/pelo cotidiano do Colégio de Aplicação da universidade do Brasil: investigando a história da construção de uma proposta curricular. In: CONGRESSO BRASILEIRO DE HISTÓRIA DA EDUCAÇÃO (CBHE), 2., 2002, Natal. Natal: UFRN, 2002.

GUARINO, F.; SILVA-PORTO, F. Excursões de campo: integrando diferentes conteúdos da Biologia. *Perspectiva Capiana*: revista de pesquisa, ensino e extensão do CAp UFRJ, Rio de Janeiro, ano 5, n. 7, p. 36-38, 2010.

MARCONDES, M. I. Currículo de formação de professores e prática reflexiva: possibilidades e limitações. In: ROSA, D. E. G.; SOUZA, V. C. (orgs.). *Políticas organizativas e curriculares, educação inclusiva e formação de professores*. Rio de Janeiro: DP&A, 2002. p. 190-205.

MATOS, M.; MACIEL, C. M.; VILELA, M. L. Formando alunos leitores no diálogo universidade-escola: a experiência da Ciranda de Leitura de Ciências. *Cadernos do Aplicação* (UFRGS), v. 22, p. 203-214, 2009.

MONTEIRO, A. M. A Prática de Ensino e a produção de saberes na escola. In: CANDAU, V. M. F. (org.). *Didática, currículo e saberes escolares*. Rio de Janeiro: DP&A, 2001. p. 129-148.

_____. Formação docente: território contestado. In: MARANDINO, M.; SELLES, S; FERREIRA, M.; AMORIM, A.C. (orgs.). *Ensino de Biologia*: conhecimentos e valores em disputa. Niterói: EdUff, 2005.

TARDIF, M. & LESSARD, C. *O trabalho docente*: elementos para uma teoria da docência como profissão de interações humanas. Petrópolis: Vozes, 2005. 317 p.

TARDIF, M. *Saberes docentes & formação profissional*. Petrópolis: Vozes, 2002.

VILELA, M. L.; GOMES, M. M. Planejamentos de ensino nos relatos de professores de ciências e biologia em formação. In: *ENDIPE* — ENCONTRO NACIONAL DE DIDÁTICA E PRÁTICA DE ENSINO, 15., 2010, Belo Horizonte. *Anais do XV ENDIPE*, Belo Horizonte: ENDIPE, 2010.

VILELA, M. L.; AYRES, A. C. M.; SELLES, S. E. A constituição de coletividades docentes como possibilidade formativa na prática de ensino de ciências biológicas. In: ENDIPE — ENCONTRO NACIONAL DE DIDÁTICA E PRÁTICA DE ENSINO, 13., Recifee, 2006. Recife: UFPE, 2006. CD-ROM.

VILELA, M. L., SELLES, S. E. & ANDRADE, E. P. Vivências profissionais e construção da disciplina escolar Biologia na formação inicial de professores. *Educação: Teoria e Prática*, Rio Claro, v. 23, n.44, p. 46-62, set-dez. 2013.

Repensando a educação ambiental no contexto da prática pedagógica:
a experiência de uma proposta de construção coletiva de projetos transdisciplinares

Vânia Nunes Morgado
Maria Naíse de Oliveira Peixoto

Introdução

No presente capítulo, apresentamos um projeto de extensão e pesquisa conduzido em parceria entre o CAp, o Departamento de Geografia da UFRJ e escolas municipais de Volta Redonda (RJ), que tem como propósito desenvolver um processo de construção coletiva, crítica e reflexiva de projetos em educação ambiental no contexto do ensino fundamental e da escola pública.

O processo de construção desse projeto teve início em 2009,[1] quando formou-se um Grupo de Trabalho em Educação Ambiental constituído por profissionais docentes da rede pública municipal, do Departamento de Geografia e do CAp UFRJ, e alunos de graduação e pós-graduação, buscando dar apoio ao desenvolvi-

---

[1] Projeto de extensão "Águas no planejamento municipal: discutindo a educação ambiental na gestão de bacias hidrográficas no Médio Vale do rio Paraíba do Sul (SP/RJ)", registrado na Pró-reitoria de Extensão da UFRJ, desenvolvido em parceria entre o Nequat/Departamento de Geografia-UFRJ, o CAp UFRJ e a Secretaria de Educação de Volta Redonda (RJ), coordenado pelas profas. Maria Naíse de Oliveira Peixoto e Vânia Nunes Morgado.

mento de projetos de educação ambiental, focando suas ligações com as práticas pedagógicas e as estruturas curriculares.

Desse modo, apresentamos aqui um pouco do processo de construção de uma discussão sólida sobre a educação ambiental formal nas escolas públicas, frente à acelerada dinâmica de transformações sociais e ambientais, especialmente marcantes em um dos eixos econômicos de maior dinamismo do Sudeste brasileiro, através da criação e ampliação de novos canais de diálogo entre universidade e escola, integrando esforços com projetos e grupos de pesquisa em andamento no Departamento de Geografia e no CAp UFRJ.[2]

O projeto conta com o apoio logístico dos grupos de pesquisa envolvidos, em particular do Núcleo do Quaternário e Tecnógeno — Nequat/Geoeste, vinculado ao Departamento de Geografia — Instituto de Geociências (Igeo)/UFRJ, e do Setor Curricular de Geografia do CAp UFRJ, além de manter parcerias com outros grupos de pesquisa colaboradores da universidade.

As bases do pensar e agir no projeto

A proposta metodológica do projeto tem como base a pesquisa qualitativa participativa, a abordagem etnográfica e os estudos de percepção ambiental e de representações sociais para o levantamento de dados, organização e desenvolvimento das atividades e

---

[2] Além do projeto "Águas no planejamento...", destacamos os projetos "Repensando o ensino da geografia com base nas múltiplas linguagens" e "O ensino da geografia na contemporaneidade e a diversidade cultural", desenvolvido no CAp UFRJ e coordenado pela profa. Rosalina Maria da Costa, bem como o projeto "Práticas curriculares cotidianas em geografia em escolas públicas do Rio de Janeiro", desenvolvido no Departamento de Geografia e coordenado pelo prof. Rafael Straforini.

a realização dos procedimentos analíticos ligados às comunidades escolares e à sociedade civil em geral.

O suporte metodológico para analisar os fenômenos e processos educacionais tem como base os estudos sobre pesquisas em educação (Fazenda, 1989; Candau, 2000). Para o trabalho com os conceitos de cultura, identidade e diferença cultural na sala de aula, recorreremos a Hall (1997 e 2001), Claval (1997) e Gomes (2002). Estamos dialogando com autores que propõem propostas multiculturalistas para a escola básica, como Moreira e Macedo (2002), Canen (2002), Canen e Moreira (2001) e Silva (2000). Na perspectiva das representações sociais, temos como subsídio teórico a obra de Moscovici (1978). E, por fim, no tocante à reflexão sobre a educação ambiental, tomamos como base inicial as reflexões de Guimarães (2006) e Loureiro et al. (2006; 2009), Carvalho (2004), entre outros autores.

Cabe ressaltar que esta proposta de trabalho parte do redimensionamento do olhar sobre a escola como transmissora de cultura, demonstrando a importância de trabalhar com a diversidade, a identidade e a diferença sem naturalizá-las. Pensar em propostas de ações pedagógicas coletivas é reconhecer as possibilidades e as modalidades de diálogo, que são ou devem ser estabelecidas entre os diversos grupos sociais, étnicos e culturais, que coexistem em um espaço socioambiental de dimensões globais. Atualmente, presenciamos diferentes grupos reivindicando participação efetiva no projeto de sociedade, e a questão da cidadania se agrega a novas lutas que têm origem nos movimentos sociais. Estes saberes são produzidos nos diversos contextos cotidianos, configurando-se em redes de conhecimentos, formando múltiplas leituras da realidade.

Nesse contexto, a escola passa a ser concebida não somente como o espaço do conhecimento legitimado pelo científico, mas também como o espaço da pluralidade cultural, onde são (re)construídas identidades num processo de hibridação, marcado por rupturas epistemológicas. O espaço escolar passa a ser reconhecido como espaço de conflito, pois nele se confrontam diferentes práticas socioambientais em disputa de poder. A cultura passa de uma concepção universal, elitista e normativa, para uma concepção pluralista, de produção e criação, o que ressalta sua característica histórica e dinâmica, tornando-se uma categoria fundamental para se compreender as representações sociais dos diferentes grupos escolares. Esta concepção de escola vem negar toda a prática pedagógica que tende a silenciar as diferenças culturais presentes na escola, numa perspectiva homogênea.

Nos dias de hoje, a reflexão sobre as práticas pedagógicas não pode mais ignorar a dimensão cultural que lhes é inerente, no sentido de compreender os avanços e os limites da capacidade da escola em trabalhar com o cotidiano dos alunos. Moreira e Macedo (2002) demonstram que não basta apenas lutar contra as desigualdades sociais, é preciso criar estratégias que recuperem as diferentes identidades silenciadas historicamente, para que esses grupos possam atuar de forma democrática, construindo um projeto de sociedade menos desigual.

A temática da identidade e da diferença cultural vem sendo incorporada e articulada aos princípios fundamentais da teoria crítica da educação e do seu projeto político. Impulsionando estas mudanças, estão presentes, no seio da sociedade, os direitos individuais, que passam a ser reivindicados com igual ou maior ênfase do que os sociais. Assim, trabalhar com os professores a educação ambiental com base nessas categorias torna-se fundamental, na medida em que novos processos culturais, socioambientais, políticos e econômicos são espacializados e vêm construindo novas identidades.

A escola vivencia esses processos, o que impõe a necessidade de se trabalharem os conteúdos específicos a partir das diferentes significações e percepções possíveis a cada grupo social destacado em sala de aula. Souza (2006) destaca que os indivíduos, ao longo de suas vidas, estão (re)construindo seus saberes em diferentes espaços/tempos, independentemente destes possuírem um caráter científico, e que essa construção diferenciada irá acarretar distintas percepções do ambiente, do lugar, da sociedade. Esses saberes são ricos em conhecimentos e devem ser respeitados e valorizados no contexto da prática pedagógica. Dessa maneira, tanto o professor (de geografia ou de outras disciplinas) como o educador ambiental deve entender a sala de aula, e por extensão a comunidade escolar, como um lugar de diversidade, composto por diferentes identidades e, consequentemente, por diferentes leituras do espaço e do meio ambiente. Torna-se fundamental relacionar os elementos significativos das representações sociais dos alunos com o conteúdo geográfico e ambiental, estabelecendo um diálogo constante entre o conhecimento escolar e o conhecimento da vida. A partir dessa perspectiva de ensino, estaremos percebendo nossos alunos como sujeitos críticos (atuantes no seu espaço), contribuindo na formação de cidadãos.

As representações sociais, segundo Moscovici (1978), encontram-se ligadas ao conhecimento do indivíduo adquirido ao longo da vida, a partir de grupos sociais diversos — imbuídos em realidades também diversas —, de forma a possibilitar uma troca entre seus respectivos membros. Entretanto, ocorre uma permanente transformação das ideias e concepções dos indivíduos, através de suas reflexões e relações entre as informações adquiridas em seu cotidiano. Assim, trabalhar com as representações sociais da comunidade escolar permite identificar como o meio ambiente é percebido e construído.

A cultura e os valores, na educação, devem ser ressaltados, pois vivemos numa sociedade mundializada, inserida na chamada terceira revolução industrial, caracterizada por grandes transformações no mundo do trabalho, nos valores e nos usos dos recursos naturais, resultando na construção de identidades híbridas e plurais. A escola muitas vezes parece imune a esses processos, resultando em um descontentamento em relação ao projeto da modernidade e um descrédito da sociedade em relação à escola, e sérios questionamentos são referendados, como: Para que estudar? O que estudar? Por que o(a) aluno(a) não conseguem aprender? No bojo dessas questões, está o ensino da geografia, assim como a educação ambiental. O ensino da geografia, neste quadro, encontra-se diante de uma crise paradigmática, porque deve abdicar de modelos que têm como base a dicotomia homem *versus* natureza e as metanarrativas que explicavam o mundo bipolar, que não mais respondem à sociedade da técnica, da ciência e da informação. A busca está no sentido de pensar na diversidade, respeitando as diferenças socioculturais (Silva, 2000) e ambientais.

Moraes (2000), quando analisa os currículos de geografia nas propostas educacionais nacionais, elaboradas nas últimas décadas do século XX, afirma que a maioria utiliza uma abordagem centrada na perspectiva econômica, e que raramente são incluídos temas da geografia cultural e ambiental. Demonstra que, mesmo quando a proposta apresenta uma visão inovadora, há limitações quanto ao embasamento teórico, além de apresentar incoerência entre o que é proposto e o que é almejado. Para o autor, é importante buscar formas concretas de pensar o espaço geográfico e compreender a sua dinâmica ambiental.

Pensar estratégias de recuperação qualitativa do ensino público implica refletir criticamente sobre a proposta curricular, as diferentes práticas pedagógicas e propor novas metodologias de ensino. É fundamental extrair desta pesquisa elementos suficientes para um pensar pedagógico que não apenas respeite e valorize as diferentes formas de apropriação do meio ambiente, mas também crie condições de legitimar um processo de diálogo entre as culturas, no sentido de construir um projeto solidário e democrático de educação que leve a uma melhor qualidade de vida.

Alguns caminhos trilhados

Dentro da proposta do projeto, foram estabelecidas as seguintes etapas para seu desenvolvimento:
a. organização de encontros e reuniões com a comunidade escolar para identificação das demandas gerais e específicas;
b. realização de encontros com grupos de professores para estruturação participativa dos tipos e calendário de atividades;
c. desenvolvimento de oficinas temáticas, didáticas e pedagógicas, segundo os temas, cronograma e atividades definidas coletivamente;
d. construção de um site para facilitar a comunicação entre instituições e grupos de trabalho vinculados à Escola Rubens Machado e às demais escolas parceiras;
e. levantamentos de dados socioeconômicos, aplicação de questionários e realização de entrevistas com membros das comunidades escolares, atores sociais e administração pública;
f. levantamentos de campo e produção de bases digitais e impressas;
g. elaboração de materiais didáticos, portfólios e mídias digitais; e
h. realização de seminários e eventos abertos à comunidade.

A preocupação com a definição coletiva de objetivos e focos de estudo e ação é uma tônica do projeto, definida desde sua formulação inicial, a partir de contatos firmados com a Secretaria de Educação de Volta Redonda ao final do ano de 2008, junto à Coordenação Pedagógica e a Coordenação de Projetos de Meio Ambiente e Saúde do município.

A apresentação inicial do projeto se deu em escolas indicadas pela Secretaria Municipal de Educação, selecionadas em função do seu histórico de atuação em projetos diversos (não apenas ligados à educação ambiental), da atuação de seus professores, dos segmentos atendidos e do número de alunos, assim como da sua localização em bairros com diferentes padrões socioeconômicos, demandas e questões ambientais. A localização espacial das escolas constitui uma questão importante no município, pois, em sua maioria, atendem principalmente à população do bairro e seu entorno mais próximo.

Em 2009 a Secretaria Municipal de Educação viabilizou, assim, a recepção da equipe da UFRJ nas escolas indicadas, e a forma de apresentação do projeto constituiu o primeiro grande desafio para a equipe. Optamos por uma breve apresentação das pesquisas e atividades realizadas pelo Nequat e pelo Setor Curricular de Geografia do CAp, contextualizadas nas respectivas unidades da UFRJ, seguidas da apresentação da proposta do projeto de extensão e do convite à participação aos profissionais da escola, por adesão. Em seguida, distribuímos um questionário com seis perguntas simples e diretas, para que cada participante do encontro entrevistasse o vizinho, e logo depois distribuímos fichas de cartolina verde e amarela para que os convidados definissem, em dupla, um tema que considerassem relevante para ser desenvolvido em um projeto de educação ambiental, com sua justificativa.

A "leitura" do questionário aplicado em dupla era apresentada pelo entrevistador para todo o grupo presente, e os temas propostos também, suscitando várias perguntas e debates sobre as experiências, frustrações, expectativas e dúvidas acerca da proposta do projeto. A forma de recepção, o número de participantes e a tônica das discussões em cada encontro inicial revelaram importantes aspectos das escolas visitadas, que foram complementados pelas informações obtidas através do questionário. Todas as informações foram essenciais à construção inicial do projeto.

Os questionários aplicados a professores, funcionários, coordenadores e outros membros da comunidade escolar nas escolas visitadas inicialmente, totalizando 68 entrevistados, evidenciaram que a maioria dos profissionais reside em Volta Redonda há mais de duas décadas; porém, um grupo significativo reside nos municípios vizinhos.

Grande parte dos professores destacou como desafios enfrentados em sala de aula questões relacionadas à metodologia e ao rendimento do aluno, tais como: como despertar o interesse do aluno, falta de recursos materiais e tecnológico, o (reduzido) tempo disponível para trabalhar os conteúdos considerados relevantes e o desinteresse e/ou a desestruturação da família. O grupo mostrou ter experiência em projetos de educação ambiental e destacou importantes fatores para o seu desenvolvimento, que refletem suas vivências, expectativas e frustrações.

A discussão traçada nesse primeiro contato com as escolas foi considerada de extrema importância para a escolha das melhores formas e conteúdos pertinentes à construção das oficinas tanto em 2009 como em 2010/2011. As diversas oficinas desenvolvidas desde o contato inicial mantiveram a proposta de trabalho centrada na parceria com as escolas para a elaboração conjunta do projeto e de suas atividades. Pensamos que conhecer os professores, suas atividades e percepções constitui uma base fundamental para definirmos os diferentes contextos de demandas dos grupos participantes e para formatar as abordagens dos temas que os motivam e interessam.

Em 2010, o grupo de trabalho formado, dando continuidade ao conjunto de atividades realizadas em 2009 e buscando ampliar os espaços de discussão sobre a educação ambiental no município, submeteu, junto com a Escola Municipal Rubens Machado e a Secretaria Municipal de Educação (SME-VR), um projeto à Faperj, no Edital nº 14/2009 — Apoio à melhoria do ensino em escolas públicas sediadas no estado do Rio de Janeiro. A escola está situada no bairro de Vila Brasília, localizado na franja urbana a norte da cidade, e atende a 567 alunos do 6º ao 9º ano, em sua maioria oriundos dos sub-bairros próximos, caracterizados por comunidades de baixa renda que se consolidaram principalmente a partir da década de 1980, com vários problemas ambientais associados à ocupação desordenada de núcleos de posse. Esses bairros apresentam, de modo geral, pouca infraestrutura urbana, em especial de lazer, tendo a escola um papel muito importante no cotidiano da comunidade.

Além da importância da atuação desta escola nas comunidades locais, tínhamos, com o projeto, uma perspectiva mais ampla de penetração e articulação das ações propostas, considerando-se que pretendíamos tê-lo como polo de uma rede constituída por professores ligados a outras escolas, que continuavam parceiras do projeto. Este aspecto revestiu o projeto de uma importância regional ímpar, pois pretendemos desenvolver novos modelos de articulação intra e interunidades escolares, estimulando a formação de redes de ação.

Nesse percurso, novos professores e escolas aderiram ao projeto, outros — e suas escolas — enfrentaram dificuldades de articulação, condições de trabalho em seus prédios (obras estruturais reduziram ao extremo o contato com as turmas em uma escola, por exemplo), e não deram continuidade à participação nos encontros e oficinas. No entanto, um núcleo básico tem se mantido, e com o apoio do Projeto Faperj em 2010/2011 desenvolvemos diferentes atividades junto à Escola Municipal Rubens Machado e aos professores das demais escolas parceiras, estimulando especialmente o relato das experiências desses profissionais e sua apresentação no I Fórum de Educação Ambiental das Escolas Municipais de Volta Redonda, realizado em maio de 2011.

Neste fórum, que contou com diversos palestrantes convidados atuando em mesas redondas focadas nas "Abordagens da educação ambiental" e nos "Projetos, experiências e currículos em debate", foram apresentados trabalhos realizados com registros de imagens fotográficas da paisagem vista da escola e a construção de textos a respeito desse lugar, com base na reflexão sobre os olhares dos discentes para seu ambiente, na pesquisa sobre a história do bairro e na construção de um jogral/dança a partir dos textos produzidos pelos alunos e no resgate da história local.

Todas essas atividades apresentaram a importância do lugar para o aluno, os laços afetivos e o modo como se relacionam e se identificam com o seu lugar, com as pessoas, com os elementos que compõem a paisagem do seu cotidiano, bem como com os problemas socioambientais das suas comunidades: desemprego, moradias precárias, violência, ocupação desordenada, degradação ambiental. A problematização e desnaturalização da realidade vivida pelos alunos, buscada com o resgate histórico e com a aplicação de questionários nas comunidades, procuraram apontar caminhos para o rompimento dos obstáculos impostos, construindo e valorizando outros olhares para as questões socioambientais.

As expectativas

Dentro do quadro exposto, consideramos que o projeto, centrado na articulação entre os saberes escolares ligados às experiências e práticas docentes vivenciadas na rede municipal de ensino, com os saberes acadêmicos, em seus diferentes níveis (graduação e pós-graduação), tem papel decisivo na construção de bases fundamentais para o atendimento dos novos desafios colocados para o professor no contexto das fortes demandas sociais e ambientais, tão marcantes nos espaços urbanos de maior vulnerabilidade e risco. Potencial de constituir inclusive um canal de comunicação mais efetivo, que permita a ressignificação do cotidiano escolar, bem como sua valorização na construção de estratégias conectadas e bem-fundamentadas de ensino/aprendizagem.

Tais argumentos baseiam-se na centralidade que a cultura assume hoje diante da velocidade das transformações sociais e naturais em curso, que suscitam novos olhares frente à educação e, em especial, ao conhecimento escolar. Esta perspectiva envolve-se com diversos aspectos relacionados à percepção e à construção de ideias, valores e atitudes ligados ao ambiente, e leva-nos a pensar a escola como um espaço formador de identidades individuais e socioambientais, ou seja, lançando como desafio o processo de repensar a escola como um espaço plural e de ação comunitária.

Estimula-se, no projeto, que os professores engajados passem a atuar como multiplicadores de forma autônoma e articulada com os demais profissionais e instituições envolvidos, em âmbito intramunicipal. Espera-se ainda que os canais de diálogo criados tragam repercussões positivas para a reflexão e implementação contínua dos projetos político-pedagógicos escolares.

Acreditamos também que, por meio do fortalecimento de parcerias, haja contribuições decisivas para o aperfeiçoamento da nova estrutura curricular do Curso de Licenciatura em Geografia da UFRJ, bem como para a articulação dos conteúdos disciplinares com as práticas desenvolvidas através dos requisitos curriculares suplementares voltados à formação profissional do licenciado, fomentando a permanente reflexão sobre a formação docente no Departamento de Geografia e no CAp UFRJ.

Terminamos com o texto construído por alunos da Escola Municipal Rubens Machado, apresentado em jogral no Fórum de Educação Ambiental das Escolas Municipais de Volta Redonda, em maio de 2011.

O campo e a favela,
O olhar e a janela.

I A

No meu bairro, no alto do morro
Vejo abaixo o rio todo,
Esse rio é o Paraíba!
Rio que chora de emoção
Mas não nos esqueçamos
da grande poluição

Da minha escola eu vejo,
Muito mais de 100 casas,
Casas que os próprios donos fizeram
Mãos que constroem e construíram uma história
Com o suor do trabalho, cada dia, dia a dia.

I B

Olhando pela janela
Vejo milhões de vidas
Casas à beira da morte,
Barrancos onde a terra grita.

Muitos não querem ver,
Outros guardam
A vontade de morrer.

Mas a chuva cai,
O sol volta a brilhar
Sonhando com uma vida segura
Vamos vivendo sem reclamar.

II

Eu moro num barranco,
Dividido em dois
De um lado a favela,
De outro um belo campo!

Na favela vejo casa;
E pessoas trabalhando,
Pedreiros, pintores e professores.
O vento batendo na porta,
E árvores balançando.

III

No lugar onde eu moro
Tenho amigos pra brincar,
Brincamos de soltar pipa,
Jogar bola e pular corda
E até o cemitério vira um bom lugar.

Somos amigos de infância, nada vai nos separar,
Amizade bonita que ninguém vai conseguir derrubar,
Tudo isso construído aqui nesse lugar.

*As pipas levantadas
Bolas de gude no chão,
E se alguém escorregar
Eu logo estendo a mão.*

*Cada dia é como um rio,
Vida a espalhar
E uma luz no fim do túnel
Eu sei que vou alcançar*

Final

*Outro dia, mesma escola,
Mesma janela e outro olhar:
Entendi as pessoas
E tudo na vida delas
Elas moram, morrem, mentem e vivem
Vivem suas vidas
Mais um dia e outro olhar!
Da janela outro ângulo que eu não tinha visto:
As árvores, os amores, as casas, as ruas e asfalto.
Meu bairro não é só violência.
Ele é feito de gente!*

Referências bibliográficas

ACSELRAD, Henri. Disputas cartográficas e disputas territoriais. In: ACSELRAD, Henri. *Cartografias sociais e território*. Rio de Janeiro: UFRJ/Ippur, 2008.

ACSELRAD, H.; MELLO, C. C. A.; BEZERRA, G.N. *Cidade, ambiente e política*: problematizando a Agenda 21 Local. Rio de Janeiro: Garamond, 2006.

_____. *O que é justiça ambiental?* Rio de Janeiro: Garamond, 2008.

CANDAU, V. M. Cotidiano escolar e cultura(s). Encontros e desencontros. In: _____. (org.). *Reinventar a escola*. Petrópolis: Vozes, 2000. p. 61-78.

CANEN, A. & MOREIRA, A. F. B. Reflexões sobre o multiculturalismo na escola e na formação docente. In: _____. (orgs.). *Ênfases e omissões no currículo*. São Paulo: Papirus, 2001. p. 15-44.

CANEN, A. Sentidos e dilemas do multiculturalismo: desafios curriculares para o novo milênio. In: LOPES, A. C.; MACEDO E. (orgs.). *Currículo*: debates contemporâneos. São Paulo: Cortez, 2002. p. 174-195.

CARVALHO, I. C. M. *Educação ambiental*: a formação do sujeito ecológico. 3. ed. São Paulo: Cortez, 2004.

CLAVAL, P. As abordagens da geografia cultural. In: CASTRO, I.; GOMES, P. C.; CORRÊA, R. L. (orgs.). *Explorações geográficas*. Rio de Janeiro: Bertrand Brasil, 1997. p. 89-118.

FAZENDA, I. C. A. Dificuldades comuns entre os que pesquisam educação. In: _____. (org.). *Metodologia da pesquisa educacional*. São Paulo: Cortez, 1989. p. 11-20.

FERRARA, L. D. *Ver a cidade*. São Paulo: Nobel, 1988.

_____. As cidades ilegíveis: percepção ambiental e cidadania. In: *Percepção Ambiental*: a experiência brasileira. São Carlos: EdUFSCar, 1996.

FORQUIN, J. C. *Escola e cultura*: as bases sociais e epistemológicas do conhecimento escolar. Porto Alegre: Artes Médicas, 1983. 208p.

GOMES, P. C. C. *A condição urbana*: ensaios de geopolítica da cidade. Rio de Janeiro: Bertrand Brasil, 2002. 304 p.

GUIMARÃES, M. (org.). *Caminhos da educação ambiental:* da forma à ação. Campinas: Papirus, 2006.

HALL, S. A. Centralidade da cultura: notas sobre as revoluções do nosso tempo. *Revista Educação e Realidade*, Porto Alegre, v. 22, n. 2, p. 15-44, 1997.

_____. *A identidade cultural na pós-modernidade*. 6. ed. Rio de Janeiro: DP&A, 2001. 102 p.

LOUREIRO, C. F. B. *Trajetória e fundamentos da educação ambiental*. São Paulo: Cortez, 2004.

LOUREIRO, C. F. B.; LAYARGUES, P. P.; CASTRO, R. S. (orgs.). *Pensamento complexo, dialética e educação ambiental*. São Paulo: Cortez, 2006.

_____. (orgs.). *Repensar a educação ambiental:* um olhar crítico. São Paulo: Cortez, 2009.

LEFEVRE, F.; LEFEVRE, A. M. *Pesquisa de representação social*: um enfoque qualiquantitativo. Brasília: Liber Livro, 2010.

LYNCH, K. *A imagem da cidade*. Lisboa: Martins Fontes, 1959.

MORAES, A.C.R. Geografia e ideologia nos currículos do 1º grau. In: BARRETTO, E. S. de S. (org.). *Os currículos do ensino fundamental para as escolas brasileiras*. 2. ed. Campinas: Autores Associados; FGV Editora, 2000. p. 103-192.

MOREIRA, A. F.; MACEDO, E. F. Currículo, identidade e diferença. In: _____. (orgs.). *Currículo, práticas pedagógicas e identidades*. Porto (Portugal): Porto Editora, 2002.

MOSCOVICI, S. *A representação social da psicanálise*. Rio de Janeiro: Zahar, 1978.

OLIVEIRA, L. (org.). *Geografia, percepção e cognição do meio ambiente*. Londrina: Humanidades, 2006.

REIGOTA, M. *Meio ambiente e representação social*. 7. ed. São Paulo: Cortez, 2007.

SATO, M. & CARVALHO, I. C. M. *Educação ambiental*: pesquisa e desafios. Porto Alegre: Artmed, 2005.

SILVA, T. T. (org.). *Identidade e diferença*: A perspectiva dos estudos culturais. 1. ed. Petrópolis: Vozes, 2000.

_____. *Teorias do currículo*: uma introdução crítica. Porto: Porto Editora, 2000. v. 1. 160p.

SOUZA, T. H. L. V. Um olhar sobre o ensino de geografia da 5ª série no Colégio de Aplicação da UFRJ: trabalhando com as representações sociais dos alunos. In: SIMPÓSIO BRASILEIRO DE GEOGRAFIA FÍSICA APLICADA, 11., 2005, São Paulo. *Anais...* São Paulo: Universidade de São Paulo, 2005.

_____. *As percepções e representações sociais da 5ª série do Colégio de Aplicação da UFRJ*: trabalhando com o ensino da geografia. 2006. Monografia (Defendida pelo Departamento de Geografia) – Universidade Federal do Rio de Janeiro, Rio de Janeiro, dez. 2006.

TEVES, N. *Imaginário social e educação*. Rio de Janeiro: Gryphus, 1992.

TOZONI-REIS, M. F. C. (org.). *A pesquisa-ação participativa em educação ambiental*. São Paulo: Anablume/Fapesp, 2007.

TOZONI-REIS, M. F. C. *Educação ambiental*: natureza, razão e história. 2. ed. Campinas: Autores Associados, 2008.

TRISTÃO, M. A *educação ambiental na formação de professores*: redes de saberes. São Paulo: Annablume; Vitória: Facitec, 2004.

TUAN, Y-Fu. *Topofilia, um estudo da percepção, atitudes e valores do meio ambiente*. Trad. Livia de Oliveira. São Paulo: Difel, 1980.

Ensino, sim. Pesquisa e extensão, como assim?

Fernando Celso Villar Marinho

Este texto propõe reflexões sobre o *fazer docente* no CAp UFRJ, isto é, sobre as atividades acadêmico-profissionais de um professor em uma escola universitária estruturada a partir do princípio de indissociabilidade entre ensino, pesquisa e extensão. Mostra-se a constituição da identidade do professor do CAp UFRJ a partir da comunidade de prática (Lave & Wenger, 1991) e da investigação sobre a prática profissional (Ponte, 2002). Apresenta exemplos de atividades de pesquisa e extensão desenvolvidas por professores de matemática do CAp UFRJ e destes em parceria com pesquisadores de outras unidades acadêmicas e instituições. Os exemplos evidenciam o alcance e a repercussão de tais atividades.

Ser professor — visão centrada no ensino-aprendizagem

Ao concluir a licenciatura em matemática, fiz o concurso para professor do município de Teresópolis (RJ). Fui aprovado e comecei minha experiência na educação pública lecionando em uma escola rural no interior desse município. Em março de 2000, comecei a atuar em uma cooperativa de professores em um curso pré-vestibular. Dois meses depois, comecei a lecionar no Ensino Fundamental, de outra cooperativa, e no Ensino Médio de um colégio particular. Minha experiência no ensino básico se ampliava, mas não estava satisfeito com a forma como alguns trabalhos eram conduzidos: vi colegas sofrendo perseguições políticas em escolas públicas, senti na pele a pressão pelas notas dos alunos na escola particular, discordei da forma como conteúdos eram abordados, fui contestado pela orientação pedagógica por ter proposto uma redação aos meus alunos — isso caberia ao professor de português, e não ao de matemática! Tais problemas não me impediram de me dedicar com afinco ao ensino, mas me mostraram que era necessário buscar outros espaços para promover transformações que fossem além das paredes da sala de aula.

A experiência acumulada no início de minha carreira profissional me estimulou a retomar os estudos em nível de mestrado. Participei de um processo seletivo e fui aprovado para o Mestrado em Matemática Pura do IM/UFRJ.[1] Cursei o mestrado e paralelamente fiz um Curso de Aperfeiçoamento para Professores de Matemática no Impa,[2] com intuito de me manter próximo às questões educacionais. Na época, fui convidado a lecionar cálculo III na Graduação em Geologia da UFRJ, em troca de créditos na disciplina estágio no magistério superior. Assim começava minha experiência no ensino superior. No ano seguinte, ampliei a experiência lecionando álgebra linear para o Curso de Engenharia de uma universidade particular e as disciplinas de cálculo I e cálculo II para os cursos de Estatística e Licenciatura em Matemática e Física da Uerj.[3]

---

[1] Instituto de Matemática da Universidade Federal do Rio de Janeiro — UFRJ.
[2] Instituto Nacional de Matemática Pura e Aplicada — Impa.
[3] Universidade Estadual do Rio de Janeiro — Uerj.

O acúmulo de experiências de ensino na educação básica e superior, em instituições públicas ou particulares, nas zonas urbana e rural, fazia-me crer que *ser professor* corresponderia a atuar no processo de ensino-aprendizagem como facilitador, mediador ou motivador.

Em 2003, enquanto cursava o mestrado, participei do concurso docente para a única vaga disponível para o Setor Curricular de Matemática do CAp UFRJ. Minha aprovação nesse concurso encheu-me de alegria e motivação para atuar plenamente no magistério, profissão que escolhera ainda nos tempos de escola.

Apesar de ter feito a graduação na UFRJ, só conheci o CAp UFRJ no dia em que realizei a inscrição para o concurso, por isso não sabia como era o trabalho docente na escola. Quando assumi o cargo, fui muito bem acolhido por todos os colegas de matemática e das demais disciplinas. Sentia-me como se estivesse sendo acolhido por uma verdadeira família. Recebia atentamente todas as orientações sobre *fazer docente* no CAp UFRJ. Uma orientação muito importante era sobre o estágio dos alunos de licenciatura. O CAp foi concebido a partir de duas premissas centrais: a de se constituir em campo de estágio para os licenciandos e para a experimentação de novas práticas pedagógicas. Assim, descobri que os docentes do CAp UFRJ atendem a dois tipos de alunos: os da educação básica e os da graduação, em estágio docente. Cada grupo com suas peculiaridades, limitações e potencialidades proporcionando um espaço privilegiado para interlocução de saberes. Essa característica era muito motivadora para mim. Os professores mais experientes continuavam com suas orientações, e eu, atento aos detalhes, fiquei com dúvidas em relação à seguinte: "O trabalho docente efetuado no CAp UFRJ compreende atividades didáticas e projetos de ensino, pesquisa e extensão". Ensino, sim.

Minha experiência profissional permitia ter clareza do que era ensino. Mas pesquisa e extensão, como assim?

Minha crença em saber o que significava *ser professor* começava a ser modificada, visto que para *ser professor do CAp UFRJ* não era suficiente atuar no ensino.

A indissociabilidade entre ensino, pesquisa e extensão é uma premissa da educação universitária, e o CAp UFRJ, por ser um colégio universitário, se pauta por ela. Assim, para ser professor do CAp UFRJ, o *fazer docente* deve:

- ir além da carga horária dedicada ao trabalho com turmas da educação básica e das reuniões com licenciandos;
- perpassar a atuação em pesquisa e extensão.

A pesquisa sobre a própria prática (Ponte, 2002) está sempre presente no *fazer docente* dos professores do colégio de aplicação e, a partir desta prática reflexiva, a professora Lílian Spiller[4] elaborou seu projeto de doutorado: "Desenvolvimento profissional em uma comunidade de prática de professores de Matemática — os professores de matemática do CAp UFRJ". Aprendi com a leitura do projeto da professora Lílian que os professores de matemática do CAp UFRJ atuavam como uma *comunidade de prática*.

> [...] a expressão comunidade de prática (CoP), concebida originalmente por Lave e Wenger (1991:99), designa a prática social de um coletivo de pessoas que comungam "um sistema de atividades no qual compartilham compreensões sobre aquilo que fazem e o que isso significa em suas vidas e comunidades (Fiorentini, 2010:571).

---

[4] Docente do Setor Curricular de Matemática do Colégio de Aplicação da UFRJ desde 1998, desenvolve sua pesquisa de doutorado na Unicamp, sob orientação de Dario Fiorentini.

Fiorentini (2010) informa que Wenger (2001) desenvolveu, a partir do conceito de CoP (comunidade de prática), uma teoria social da aprendizagem que parte do pressuposto de que toda a aprendizagem é situada em uma prática social, a qual acontece mediante participação ativa em práticas de comunidades sociais e construção de identidades com essas comunidades.

O acolhimento aos novos professores no colégio de aplicação, a partir deste olhar, se configura como um espaço de aprendizagem social concebida como um fenômeno social repleto de valores e culturas que emergem da participação direta no *fazer docente* do CAp UFRJ. Essa aprendizagem ocorre muitas vezes de forma não planejada, ou seja, a atividade não é necessariamente organizada com o propósito de ensinar algo a alguém. Um exemplo desse fato é a elaboração da avaliação que compõe o processo seletivo para acesso discente ao CAp UFRJ. Os professores, reunidos, discutem conteúdos, questões, enunciados, ideias, com foco na elaboração de um instrumento de avaliação, no entanto, durante todo o processo, todos mantêm um aprendizado constante uns com os outros.

A próxima seção apresenta algumas ações em pesquisa e extensão que ajudam a entender a especificidade do *fazer docente* no CAp UFRJ.

Ações em pesquisa e extensão

O princípio da indissociabilidade entre ensino, pesquisa e extensão é um preceito constitucional.

> As universidades gozam de autonomia didático-científica, administrativa e de gestão financeira e patrimonial, e obedece-

rão ao princípio de indissociabilidade entre ensino, pesquisa e extensão.[5]

As mudanças nos processos de ensino e de aprendizagem intensificam-se quando ensino-pesquisa-extensão estão bem articulados, fundamentando didática e pedagogicamente a formação profissional.

A pesquisa e a extensão, em interação com o ensino, possibilitam operacionalizar a relação entre teoria e prática, a democratização do saber acadêmico e o retorno desse saber à universidade, testado e reelaborado (Dias, 2009:40).

A pesquisa tem como metas principais gerar novos conhecimentos e/ou corroborar ou refutar algum conhecimento preexistente a partir de métodos sistemáticos validados pela comunidade acadêmica. No CAp UFRJ as pesquisas são desenvolvidas por professores isoladamente ou em parceria com pesquisadores de outras unidades acadêmicas da UFRJ ou de outras instituições. O CAp UFRJ, como local de experimentação pedagógica, possibilita um estreitamento teórico-prático e uma experimentação de práticas pedagógicas inovadoras. As pesquisas desenvolvidas pelo corpo docente englobam as mais diferentes perspectivas, abrangendo desde projetos de produção de material didático até o estudo de questões relacionadas ao conhecimento escolar e à discussão sobre a estruturação curricular, as metodologias e o processo de avaliação educacional.

---

[5] Art. nº 207 da Constituição da República Federativa do Brasil de 1988.

A extensão[6] universitária ou acadêmica é uma ação de uma universidade junto à comunidade, disponibilizando ao público externo o conhecimento adquirido com o ensino e a pesquisa desenvolvidos. Essa ação produz um novo conhecimento a ser trabalhado e articulado.

Projeto Moodle — matemática no CAp UFRJ

Em março de 2005, com o apoio do Núcleo de Computação Eletrônica da UFRJ, os professores do Setor Curricular de Matemática do CAp UFRJ iniciaram a utilização de um ambiente virtual de gestão de aprendizagem e de trabalho colaborativo — o Moodle (Modular Object-Oriented Dynamic Learning Environment). Começava aí nossa investigação sobre as possibilidades e limitações de situações de ensino-aprendizagem no ensino básico frente à comunicação contemporânea, apoiadas por esta plataforma educacional.

Desde então, o projeto tem estimulado diferentes pesquisas educacionais no Setor Curricular de Matemática do CAp UFRJ. As reflexões vão desde a avaliação (Marinho, 2008) até as diferentes formas de uso dessa tecnologia na educação básica (Guia, 2008).

Iniciamos nossa investigação coletando informações sobre a rotina dos estudantes fora do horário escolar, buscando identificar sua relação com a tecnologia digital. Observamos que os estudantes do CAp UFRJ passavam grande parte do tempo utilizando o computador. Além da prática de jogos eletrônicos, desenvolviam

---

[6] Retirado da página da Pró-Reitoria de Extensão da Universidade Federal do Rio de Janeiro, acessada em 6 de julho de 2011.

uma comunicação virtual intensa e frequente. Conciliavam, por exemplo, as atividades de ouvir música, escrever uma mensagem eletrônica, participar de jogos em rede na internet, visitar páginas de interesse pessoal e estudar. Contudo, esta última tarefa, mais rara, aparecia dissociada, em muitos casos, das demais atividades.

Investimos, então, em proporcionar um encontro dos estudantes com a matemática, inserindo nossa atuação pedagógica na sua realidade e rotina. Acreditamos que, se os alunos puderem ter contato acadêmico com a disciplina em um ambiente virtual, sem que fosse preciso se "desconectar" das atividades rotineiramente realizadas e respeitando a comunicação determinada nesse ambiente, estabeleceríamos um espaço extraordinário para ampliar qualitativa e quantitativamente a aprendizagem da matemática.

Promed — 2005

Minha primeira oportunidade para atuar na extensão como professor do CAp UFRJ ocorreu em 2005. Na época, a Secretaria de Educação do estado do Rio de Janeiro (Seeduc-RJ) em parceria com a UFRJ promoveu um curso de atualização na área de "ciências da natureza, matemática e suas tecnologias". Esta ação fez parte do Programa de Melhoria e Expansão do Ensino Médio (Promed), desenvolvido pelo Ministério da Educação em convênio com o Banco Interamericano de Desenvolvimento (BID). Os professores do Setor Curricular de Matemática propuseram o curso "Ensino de Funções no Ensino Médio", uma das opções na área de matemática do programa de formação continuada oferecido aos professores da rede estadual de ensino no âmbito do Promed. A elaboração, o planejamento e a execução do curso foram realizados pelos professores Cintia Barboza, Fernando Villar, Leo Akio, Leticia Rangel e Lílian Spiller. Nesse curso os professores do CAp UFRJ contaram com a participação de dois licenciandos, Renato

Cherullo e Priscila Dias. O curso foi ministrado entre 20 de agosto de 2005 e 08 de outubro de 2005 (totalizando 90 horas), nas dependências do Centro de Ciências da Saúde (CCS), utilizando o Laboratório de Informática da Graduação e contou com o site[7] do Setor Curricular de Matemática para aumentar a interação entre os participantes e disponibilizar material de apoio. Na concepção do curso, os professores do CAp levaram em consideração que a aprendizagem de funções no Ensino Médio exige mais do que manipulação de expressões e símbolos algébricos e que é fundamental a conceituação e a aplicação. A possibilidade de propor aos professores cursistas uma oportunidade para repensar as práticas pedagógicas para enfrentar os desafios provenientes da globalização e da revolução das tecnologias de comunicação e informação motivou a adequação de materiais didáticos e as propostas curriculares às novas propostas com uso de tecnologias no ensino. Era objetivo do curso a formação de professores habilitados a lidar com e atuar sob essa nova perspectiva.

O curso foi estruturado de tal forma que as aulas teóricas, atividades práticas e os momentos de orientação presencial estiveram entremeados na dinâmica de cada encontro. Para as aulas teóricas, um dos desafios era ministrar a aula com dupla ou tripla regência. O planejamento dessas aulas teóricas propiciou uma intensa troca de experiências entre os professores do Setor Curricular de Matemática. Ao final, sabíamos que o aprendizado não era só dos professores cursistas, mas de todos nós.

A utilização de um laboratório de informática e o uso de um sistema de comunicação virtual especialmente estabelecido para atender às necessidades de comunicação entre professores orientadores responsáveis pelo curso e professores cursistas foram vi-

---

[7] <http://matematica.cap.ufrj.br>.

tais para atender aos objetivos do curso, entre os quais se destaca a produção de material didático relacionado ao tema do curso. Após avaliação e seleção, alguns materiais didáticos[8] produzidos pelos cursistas foram reunidos em uma publicação[9] do Programa de Melhoria e Expansão do Ensino Médio (Promed).

Projeto Fundão — matemática

Algumas ações em educação propiciam a pesquisa e a extensão de forma simultânea. No âmbito do ensino de matemática na UFRJ, merece destaque o "Projeto Fundão".

Ao ser criado, em 1983, o projeto representou um imenso desafio para a UFRJ, por diversas razões: é um projeto de extensão que abre os muros da UFRJ para a comunidade de professores do ensino básico, sem características de assistencialismo; integra diferentes centros e unidades acadêmicas da UFRJ a partir de uma coordenação colegiada, tendo como base a participação de todos os membros em todas as atividades. De fato, a proposta de trabalho feita por professores para professores era, na época, e ainda é, inovadora.

No Projeto Fundão havia cinco setores — Biologia (IB-CCS), Física (IF-CCMN), Geografia (IG-CCMN), Matemática (IM-CCMN) e Química (IQ-CCMN) —, todos com coordenação

---

[8] Cunha, S. R. *Funções inversíveis*; Jesus, S. L. A. *A função afim — um enfoque interdisciplinar*; Maron, A. C. C. et. al. *Matemática, física e biologia — interdisciplinaridade em ação*; Nishio, A. L. *O que nós, professores de matemática, podemos conjecturar em gráficos de funções utilizando o software "winplot" como recurso no ensino da matemática*; Pereira, A. D.; Batista B. E. S. *Função linear e proporcionalidade*; Silva, S. *O conceito de função*; Vitari, V. B. *Coordenadas cartesianas*.

[9] Disponível em: <http://www.ccmn.ufrj.br/curso/trabalhos/mat_07.htm> e <www.ccmn.ufrj.br/extensao/material/SEE_matematica_EF_v1_1_88.pdf>.

própria, e os cinco coordenadores formavam um colegiado, sob a liderança da professora Maria Laura Mouzinho Leite Lopes. A Faculdade de Educação (FE-CFCH) prestou assessoria a todos os setores e ao "Projeto Fundão" como um todo. Desses setores, atualmente permanecem atuantes os de Biologia e Matemática.

O projeto teve origem em iniciativas isoladas nos institutos de Física e Matemática e foi uma extensão do projeto "Formação Permanente de Professores do 1º, 2º e 3º graus", da equipe de matemática, apoiado pelo Programa de Integração da Universidade com o Ensino de 1º Grau (Sesu/MEC). Sua primeira proposta foi aprovada pela Capes, no Programa de Melhoria do Ensino de Ciências, e passou a integrar o Subprograma de Ensino de Ciências, Capes/PADCT (Programa de Apoio ao Desenvolvimento Científico e Tecnológico).

O Setor Matemática do "Projeto Fundão" (PF-MAT) atua no Instituto de Matemática, ininterruptamente, até hoje. A coordenação inicial deste setor foi do professor Radiwal Alves Pereira, um dos criadores do "Projeto Fundão", tendo passado depois às professoras Lucia Tinoco, Lilian Nasser e Maria Laura Mouzinho Leite Lopes, de 1996 a 2013.

A equipe atual de coordenação é composta de cinco professoras do Instituto de Matemática e um professor do CAp, 12 alunos de licenciatura (estagiários, bolsistas Pibex) e 28 professores da escola básica (multiplicadores); alguns destes, atuando em instituições de ensino superior, formadoras de professores.

Esta equipe se reúne, dividida em seis grupos, para trabalho semanal de produção de textos, cursos e outras atividades que subsidiem a prática docente. Nesse trabalho semanal, também são planejadas, executadas e avaliadas ações voltadas para a comunidade escolar. Orienta os trabalhos do PF-MAT, a convicção de que se trata de trabalho feito *por* professores *para* professores.

Esquema da metodologia do "Projeto Fundão"

```
    Experiência dos          Pesquisa
     professores           bibliográfica
           ↘           ↻         ↙
Divulgação junto   ESCOLA    UNIVERSIDADE   Trabalho temático
 a professores     BÁSICA                      em grupos
           ↗           ↺         ↖
    Testagem em sala         Avaliação pela
       de aula                  equipe
```

Cada grupo escolhe um tema de seu interesse para trabalhar, de acordo com a metodologia do "Projeto Fundão", com vistas a instrumentalizar os professores do ensino básico com propostas inovadoras para suas salas de aula. O desenvolvimento profissional dos membros da equipe ocorre durante o trabalho. Em geral, os temas escolhidos são assuntos que os alunos tradicionalmente apresentam maior dificuldade ou que são ensinados por representarem inovações pedagógicas.

A participação de professores do CAp UFRJ variou muito ao longo da história e tem se intensificado nos últimos anos. A professora Lucia Tinoco, coordenadora do grupo de álgebra do PF-MAT, foi aluna do CAp UFRJ e destacou que as variadas vivências no colégio a ajudaram a desenvolver atitudes dinâmicas, com coragem e liderança, que a ajudaram muito na vida e, particularmente, no "Projeto Fundão".

Segundo a professora Lucia Tinoco, o "Projeto Fundão" teve no CAp UFRJ, por meio de alunos dos anos 1980, um dos primeiros campos de pesquisa. Na época, os alunos mais velhos auxiliavam os mais novos utilizando atividades desenvolvidas no PF-MAT. No fim dos anos 1980, três professores de matemática do CAp UFRJ se integraram à equipe do "Projeto Fundão" —

os professores Valter, Domingos e Ionilde. A professora Ionilde manteve-se envolvida intensamente no PF-MAT por vários anos. Por razões diversas, houve um período de distanciamento entre o CAp UFRJ e o PF-MAT, que durou cerca de 15 anos.

Por entender a importância do "Projeto Fundão Matemática" para a pesquisa e extensão na UFRJ, iniciei minha participação no "Projeto Fundão" em 2006, conhecendo melhor a dinâmica dos trabalhos. Em 2007, tive a oportunidade de participar um pouco dos quatro grupos existentes na época: álgebra, grafos, matemática financeira e matemática para deficientes visuais. Em 2008, fui convidado a coordenar um novo grupo, cujo tema fosse o uso de tecnologias no ensino de matemática. Em 2009, a professora Leticia Rangel, também do CAp UFRJ, iniciou sua participação no grupo de álgebra, incentivando e dando suporte para que fosse realizado um curso semipresencial de álgebra, via Plataforma Moodle. Cabe destacar que os professores do CAp UFRJ já faziam uso da Plataforma Moodle em suas atividades didáticas com alunos da educação básica desde 2005 e compartilharam suas experiências com a equipe do "Projeto Fundão", o que viabilizou a realização deste curso de álgebra, o primeiro com esta característica realizado pelo "Projeto Fundão Matemática".

A experiência da equipe do "Projeto Fundão" tem servido de base para o desenvolvimento de atividades de ensino do Instituto de Matemática da UFRJ, em níveis de graduação e pós-graduação. A equipe criou o Curso de Especialização para Professores de Matemática do Instituto de Matemática, em nível de pós-graduação *latosensu*, em 1993, participa da sua coordenação, orienta monografias de final de curso de seus alunos e de alunos de licenciatura do IM/UFRJ e disponibiliza a todos o acervo bibliográfico e materiais didáticos. Desde 2009, os professores Fernando Villar e

Leticia Rangel, do CAp UFRJ, compõem o quadro docente desse curso de especialização.

Pode-se também considerar fruto da experiência do "Projeto Fundão", no Curso de Especialização e outras, a criação do Mestrado em Ensino de Matemática do Instituto de Matemática da UFRJ, a partir de 2006, em que três coordenadoras do "Projeto Fundão" fazem parte do corpo docente.

A equipe do PF-MAT está permanentemente envolvida em programas de formação continuada, em colaboração com sistemas oficiais de ensino, tais como o Programa Capes/Faperj e o Promed, da Secretaria Municipal de Educação do Rio de Janeiro — SME-RJ, e outros organizados pela Pró-Reitoria de Extensão da UFRJ, como, por exemplo, o "Projeto de Alfabetização de Jovens e Adultos de Espaços Populares". As ações do PF-MAT já alcançaram quase todo o estado do Rio de Janeiro e mais 41 municípios de 19 estados do Brasil. Em todas essas atividades ocorre o envolvimento dos professores e alunos de licenciatura que fazem parte da equipe do PF-MAT.

Desde 2008, quando comecei a atuar no PF-MAT como coordenador do Grupo de Tecnologias Aplicadas ao Ensino de Matemática, participei de vários eventos científicos e de extensão, e a orientação de bolsistas de extensão vinculados ao "Projeto Fundão" é uma das minhas atribuições. Destaco algumas ações recentes do "Projeto Fundão Matemática", nas quais há atuação direta também das professoras do CAp UFRJ Leticia Rangel e Priscila Dias: a) assessoria permanente e realização de quatro cursos de atualização, a partir de 2009, em parceria com a Secretaria Municipal de Educação, para a rede de ensino do município do Rio de Janeiro — mais de 600 professores atingidos diretamente; b) participação da equipe do "Projeto Fundão" em eventos de instituições de ensino superior formadoras de professores, com palestras e oficinas; c) os encontros do "Projeto Fundão", que recentemente tiveram a participação de mais de 500 professores e futuros professores de diversos municípios do estado do Rio de Janeiro e vizinhos; d) curso semipresencial sobre ensino de álgebra, para 75 professores de vários municípios do estado do Rio de Janeiro, com a primeira edição realizada em 2010 e a segunda em 2011.

Curso Pré-Universitário de Nova Iguaçu (CPU-NI)[10]

A partir da parceria entre a Prefeitura Municipal de Nova Iguaçu (PMNI) e a UFRJ, originou-se, em 2006, o projeto de extensão Curso Pré-Vestibular de Nova Iguaçu, que a partir de 2009 passou a ser denominado Curso Pré-Universitário de Nova Iguaçu (CPU-NI). O projeto nasce da demanda apresentada pela PMNI e da experiência institucional da UFRJ em projetos de extensão, mais especificamente no Curso Pré-Vestibular do Caju.

Com o objetivo de oferecer não somente a preparação para o vestibular, o projeto em questão tem também como finalidade intensificar a relação dos moradores de Nova Iguaçu com sua região, ofertar ensino gratuito e de qualidade e atuar na formação dos alunos dos cursos de licenciatura da UFRJ, que atuam como professores nas classes do CPU-NI.

A estrutura acadêmico-administrativa do projeto conta com docentes da UFRJ que atuam como professores-orientadores nas disciplinas oferecidas no curso. Particularmente, discorreremos aqui sobre a atuação dos orientadores da disciplina de matemática durante o período de 2007 a 2010. A ação dessa figura no organograma do projeto consiste na orientação curricular-pedagógica em matemática dos professores-bolsistas dessa disciplina, conca-

---

[10] Esta seção foi escrita pelo professor Cleber Dias da Costa Neto, do Setor de Matemática do CAp UFRJ.

tenando a formação acadêmica desses indivíduos com a prática implementada nas salas de aulas do CPU-NI.

Com a saída do professor Jair Salvador, docente do IM-UFRJ, da orientação de matemática do CPU-NI em novembro de 2006, o projeto ficou até fevereiro de 2007 sem um docente que ocupasse a posição. Através de um contato com o professor Victor Giraldo, também docente do IM-UFRJ, houve a indicação do professor Fernando Villar, docente do CAp UFRJ, para ocupar a posição de professor-orientador de matemática, o que ocorreu até dezembro de 2007. Nesse momento, ocorre o primeiro vínculo do CPU-NI com o CAp UFRJ, unidade atuante na educação básica e no ensino superior através da formação de professores. No final de 2007, o professor Fernando Villar passou a coordenação à professora Letícia Rangel, também docente do CAp UFRJ, reforçando a ligação do referido projeto de extensão com o CAp. Letícia Rangel atuou como professora-orientadora de matemática no período de fevereiro de 2008 a dezembro de 2009.

Em maio de 2008, através de indicação da professora Letícia Rangel, o professor José Roberto, docente da disciplina de física do CAp UFRJ, assumiu a Coordenação Geral do CPU-NI, consolidando assim o vínculo instituído entre o projeto e o CAp. De maio de 2008 a maio de 2009, José Roberto ficou à frente do projeto, tendo de se retirar da coordenação devido à aprovação em concurso público para professor da Universidade Federal Fluminense (UFF). Durante esse período, a partir do contato inicial dos professores de matemática do CAp UFRJ e também da coordenação vigente, outros professores desta unidade assumiram a orientação de algumas disciplinas. Entre maio e agosto de 2009, mais um vínculo CAp UFRJ/CPU-NI foi estabelecido na coordenação geral do projeto, através da professora Cristiane Madanelo, professora de língua portuguesa do CAp UFRJ. Mais à frente, de março a julho de 2010, a Coordenação Geral do CPU-NI voltou a ser ocupada por um docente do CAp UFRJ, Cleber Neto, na época professor de matemática contratado. Sua saída se deu em virtude de aprovação em concurso público para o Instituto Nacional de Educação de Surdos. Em relação à orientação de matemática, esta foi ocupada posteriormente pelos professores contratados do CAp UFRJ: Fabiano Maciel, de março de 2010 a março de 2011, e Marcel Almeida, de abril de 2011 a julho de 2011. Atualmente, a professora Marisa Leal, professora do IM-UFRJ, desempenha a função de professora-orientadora de matemática.

A atuação de professores do CAp UFRJ nesse curso de extensão possibilitou levar um pouco da experiência acumulada com a orientação dos alunos de licenciatura. No entanto, também se configurou como aprendizado, visto que, diferentemente do estágio docente realizado no CAp UFRJ, os professores-regentes no CPU-NI são os próprios licenciandos, e os orientadores não entram em sala de aula. O público atendido também é diferenciado, pois, em geral, são alunos que já concluíram ou estão no último ano do Ensino Médio.

Ser professor em uma escola universitária

Os exemplos da seção anterior mostram o quão complexo é o *fazer docente* no CAp UFRJ, mesmo não esgotando todas as suas facetas. A regência em turmas da educação básica é o pilar de tudo, porque é a partir dela que as reflexões teóricas são constantemente postas à prova, remodeladas ou validadas. Tal prática deve ser comunicada aos nossos pares em congressos ou eventos científicos e, para isso, é fundamental pesquisar, saber o que é dito sobre as diferentes demandas curriculares.

A pesquisa sobre a própria prática (Ponte, 2002), presente no *fazer docente* dos professores CAp UFRJ, se encontra nas atividades de extensão universitária, como a participação no curso pré-universitário ou nos cursos de formação continuada do "Projeto Fundão". Motiva a reflexão sobre o uso de inovações tecnológicas nas práticas pedagógicas e produção de materiais didáticos. Há, no *fazer docente* do CAp UFRJ, uma ousadia com responsabilidade. Por exemplo, os professores do Setor de Matemática do CAp UFRJ têm desenvolvido e aprimorado, ano a ano, um material didático que contemple a especificidade da grade curricular adotada na escola. Esse espaço de autoria e execução de nossos trabalhos é altamente motivador e cativante. Não há amarras de conteúdos, desde que as alterações sejam decididas coletivamente. Essa característica estimula o envolvimento de todos nas atividades de ensino, pesquisa e extensão desenvolvidas. A horizontalidade das decisões pode demandar muito tempo, mas traz, como efeito colateral, a ampliação do sentimento de unidade e coleguismo.

O docente do CAp UFRJ é professor, aquele que ensina, mas é também aluno, o que aprende com os colegas e com os próprios alunos ou licenciandos. É orientador, compartilha suas experiências e simultaneamente é pesquisador e pesquisado. Seu *fazer docente* é tão dinâmico, envolve tantas situações e contextos diferentes, que sou levado a concluir que não é possível saber o que é *ser professor do CAp UFRJ*, somente nos é permitido *estar professor do CAp UFRJ*. E, por *estar professor do CAp UFRJ*, sei que fará parte da minha "rotina" a presença de desafios constantes e o fato de lidar sempre com o novo. Novas tecnologias, novas abordagens, novos conteúdos, novas formas de avaliar e ser avaliado. Estarei também diante do antigo e tradicional, no sentido mais positivo que estes termos podem representar. A tradição da qualidade e a experiência advinda dos mais antigos. Estarei em constante diálogo com o novo e o antigo, buscando consolidá-los, de forma coerente, para que seja possível construir, junto de colegas e alunos, um conhecimento que permita auxiliar na transformação da sociedade, por um porvir melhor.

Referências bibliográficas

DIAS, A. M. I. Discutindo caminhos para a indissociabilidade entre ensino, pesquisa e extensão. *Revista Brasileira de Docência, Ensino e Pesquisa em Educação Física*, v. 1, n. 1, 2009.

FIORENTINI, D. Desenvolvimento profissional e comunidades investigativas. In: DALBEN, A. et al. (org.). *Convergências e tensões no campo da formação e do trabalho docente*: educação ambiental, educação em ciências, educação em espaços não escolares, educação matemática. Belo Horizonte: Ática, 2010. p. 570-590.

GUIA, D. A. et al. Utilizando o Moodle no ensino de Matemática: uma experiência na educação básica. In: SEMINÁRIO DE PESQUISA EM EDUCAÇÃO MATEMÁTICA — SPEM, 6, 2008, Rio de Janeiro. Anais... Disponível em: <http://www.sbemrj.com.br/spemrj6/artigos.htm>. Acesso em: 17 out. 2013.

LAVE, J.; WENGER, E. *Situated Learning:* legitimate peripheral participation. Cambridge: Cambridge University Press, 1991.

MARINHO, F. C. V. et al. Avaliações online: quebrando paradigmas. In: SEMINÁRIO DE PESQUISA EM EDUCAÇÃO MATEMÁTICA — SPEM 6, 2008, Rio de Janeiro. Anais... Disponível em: <http://www.sbemrj.com.br/spemrj6/artigos.htm>. Acesso em: 17 out. 2013.

PONTE, J. P. Investigar a nossa própria prática. In: GTI (org.). *Reflectir e investigar sobre a prática profissional*. Lisboa: APM, 2002. p. 5-28.

WENGER, E. *Comunidades de practica*: aprendizaje, significado e identidad. Barcelona: Paidos, 2001.

Desaprendizagens com o cinema

Adriana Fresquet
Márcia Xavier

Introdução

O filme serve para exercitar o homem nas novas percepções e reações exigidas por um aparelho técnico cujo papel cresce cada vez mais em sua vida cotidiana. Fazer do gigantesco aparelho técnico do nosso tempo o objeto das inervações humanas — é essa a tarefa histórica cuja realização dá ao cinema o seu verdadeiro sentido [Benjamin, 1996:174].

O projeto Cinead — Cinema para aprender e desaprender — busca muito especialmente oferecer uma tentativa de resposta a essa convocação ainda muito atual anunciada por Benjamin: "Fazer do gigantesco aparelho técnico do nosso tempo o objeto das inervações humanas". Num momento em que a tecnologia parece tomar a *cena*, buscamos, na escola, na universidade, na formação de profissionais dentro e fora da área da educação inclusiva, na produção acadêmica e fora dela, testar os limites que essa potência artística tem para serem explorados nos mais diversos cenários.

A grande novidade do Cinead talvez resida no fato de que venha assentado num tripé orgânico: pesquisa (primeira modalidade), análise (segunda modalidade) e prática (terceira modalidade). Tais partes não existem, em sua individualidade, se não houver a outra, se não se estabelecer um diálogo entre elas, bastante intenso e de retroalimentação. Nesse sentido, são três faces de investimentos, ao articular três modalidades de pesquisa que produzem conhecimentos específicos e bem diferenciados, embora todos tenham um foco comum.

A primeira modalidade tem produzido pesquisa, fundamentalmente a partir da análise de filmes e documentos no contexto da Cinemateca do Museu de Arte Moderna do Rio de Janeiro (MAM-RIO), com quem temos uma parceria (mais adiante faremos breve histórico do percurso do projeto até agora). A segunda modalidade tem produzido pesquisa fundamentalmente a partir da análise do registro de sessões de cinema-debate com filmes para refletir sobre a infância e a adolescência com crianças e adolescentes, como copesquisadores, alunos do CAp UFRJ e de outras escolas públicas do Rio de Janeiro. A terceira modalidade tem produzido algumas pesquisas sobre diferentes aspectos das possibilidades de fazer cinema em contexto escolar.

Ao insistir na explanação dessa formatação em três frentes, há uma forte intenção em estabelecer a melhor *imagem: um nó borromeano*. Esse nó é a forma de enlaçamento encontrada por Lacan para descrever topologicamente os termos real, simbólico e imaginário.

Nó Borromeano

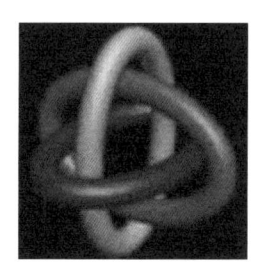

Fonte: Marcelo Bueno.

Parafraseando a psicanálise, vemos também assim nossas imbricações das três modalidades no Cinead às três instâncias lacanianas, pois nosso funcionamento é conjunto, interligado, mas sem superposição ou qualquer espécie de hierarquização entre elas, numa espécie de básculas em que são feitas constantes trocas e realimentações pelas respectivas faces.

Se o saber da psicanálise é convocado, não é feito gratuitamente, pois entre cinema e ele há mais que meras coincidências, se não, vejamos:[1]

a) Os dois são rigorosamente contemporâneos. Nos últimos dias de 1895, ano de publicação de *Estudos sobre a histeria*, de Freud e Breuer (Freud, 1996), em que é extensamente apresentado o método psicanalítico, os irmãos Lumière fazem as famosas primeiras apresentações públicas de seu cinematógrafo em Paris.

b) É no contexto da construção pelo gosto do olhar para a realidade que essas duas "práticas" atingem as pessoas e se difundem.

c) O cinema é configurado entre a sucessão de imagens e o escuro, assim como a psicanálise se estabelece entre o manifesto consciente (imagens claras) e o subterrâneo inconsciente (o escuro).

d) Entre cada um dos 24 quadros por segundo que nos dão a ilusão de continuidade que há na sequência fílmica, há um lapso, um intervalo no mais das vezes invisível, porém fundamental; como para a psicanálise, quando na sala de cinema, estamos no escuro a maior parte do tempo, e é

---

[1] Cf. o recém-lançado livro de Tânia Rivera, *Cinema, imagem e psicanálise*, de onde extraio tais reflexões.

essa porção escura que fica conosco, que fixa em nossa memória.

É justamente nesse ponto agudo da constituição fílmica, do mesmo ponto de que trata a psicanálise (a dor e a fruição do sujeito), que colocamos a educação para conversar, desaprendendo...

Algo da história do projeto

O projeto iniciou seu funcionamento no fim do ano de 2006, aos sete dias do mês de novembro, quando foi aprovado, em reunião do Departamento de Fundamentos da Educação, o "Projeto de Pesquisa Cinema Para Aprender e Desaprender". Como recente professora de psicologia da educação para licenciaturas no Fundão, eu, Adriana Fresquet, convoquei alunos interessados em participar do grupo de pesquisa. Daí a presença (até hoje) de vários alunos de geografia e biologia, interessados em trabalhar com o cinema. O objetivo era pesquisar com colegas e alunos a relação do cinema com a educação, com foco na infância e adolescência.

Em novembro fizemos um primeiro encontro de apresentação do projeto e das pessoas participantes. No seguinte encontro, assistimos a *O menino e o vento* (de Carlos Hugo Christensen, Brasil, 1967); nas duas sessões seguintes, realizamos um trabalho de debate e reflexão objetivando as primeiras tentativas de sistematizar uma escrita sobre o filme analisado. Ainda em dezembro, assistimos *Peter Pan* (P. J. Hogan, Estados Unidos, 2003) e prosseguimos com a mesma metodologia.

Em março do ano seguinte, incorporaram-se novos participantes entre alunos do curso de férias e de novos grupos de licenciatura da Praia Vermelha, onde leciono. Também ingressaram alguns professores substitutos do Departamento de Fundamentos da Educação: profa. dra. Elizabeth Luiz Soares (psicologia da educação) e o prof. me. Mario Fumanga (filosofia da educação).

As primeiras tentativas de contato com o CAp UFRJ foram muito férteis. Os membros da então Direção Adjunta de Licenciatura e Pesquisa e Extensão — Dalpe, prof. Fábio Garcez de Carvalho e profa. Maria Luiza Mesquita da Rocha, receberam o projeto com grande alegria ainda em dezembro de 2006. Logo depois de sua aprovação no conselho, o projeto tentava dialogar com o CAp. A receptividade foi expressiva e de uma sensibilidade única. A diretora, que pretendia incluir a apresentação na pauta da última reunião do conselho, considerou pouco oportuno dada a urgência de outros temas, o que desvalorizaria a relevância e moderaria a atitude de adesão dos professores. Assim, optou por apresentar o projeto na primeira reunião de conselho de 2007, quando foi aprovado. Logo fizemos uma reunião com os professores interessados em participar do projeto para sistematizar a participação.

Uma limitação de ordem prática fazia impossível a participação dos professores nas reuniões do grupo de pesquisa nos dias em que acontecem, quartas-feiras das 11 às 13 horas. Tentamos uma pesquisa entre todos seus membros e combinamos nova data e novo local, para facilitar a participação de todos: sextas-feiras das 14 às 16 horas na sala de projeção do CAp.

Durante março, as reuniões aconteceram na sala 220 (vídeo) da Faculdade de Educação (FE). O primeiro encontro consistiu na apresentação do projeto e de todos os seus membros, já que a imensa maioria era nova. Definidos os objetivos e funções, iniciamos a pesquisa daquele ano com o filme *Rio 40 graus* (Nelson Pereira dos Santos, Brasil, 1956). Fizemos dois encontros para debate, reflexão e análise do filme a partir de bibliografia complementar. Nosso convidado especial do mês foi o professor Hernani

Heffner, curador da Cinemateca do MAM-Rio. Um fato fortuito aconteceu naquele 28 de março que nos levou a procurar o Fórum de Ciência e Cultura. Desde aquele momento, todos os nossos convidados especiais, inclusive o curso de extensão Cinema Para Aprender e Desaprender, que acontecia todas as segundas quintas-feiras do mês na sala Muniz Aragão, passaram a ocorrer no Fórum. Até ganhamos da equipe do Fórum uma cópia da publicação *Nelson Pereira dos Santos. Uma cinebiografia do Brasil. Rio, 40 graus, 50 anos*, editado pelo Fórum de Ciência e Cultura em parceria com o Centro Cultural Banco do Brasil (CCBB).

As reuniões não aconteceram mais na Faculdade de Educação porque, a partir de abril, para facilitar a participação dos professores do CAp, combinamos o deslocamento das reuniões do grupo para o próprio CAp.

Em abril assistimos ao filme *Brinquedo proibido* (René Clément, França, 1952). Nos encontros seguintes, fizemos um belo debate e a leitura dos textos que cada participante rascunhava, enriquecidos pela incorporação de membros de variadas formações. Nossa convidada especial foi a profa. dra. Fátima Sebastiana Lisboa, da Universidade Federal de São Carlos (IH-UFSCar), a quem propusemos fazer uma videoconferência no dia da reunião de pesquisa. No entanto, como coincidia com seu horário de aula, ela nos enviou um texto de referência para leitura e debate e habilitou seu e-mail para que trocássemos, por este meio, inquietudes e perspectivas sobre o filme *Brinquedo proibido*. A experiência foi muito interessante.

Em maio assistimos a *Vidas secas* (Nelson Pereira dos Santos, Brasil, 1963). A convidada especial de maio foi a profa. dra. Rosália Duarte, da PUC-Rio.

Em junho, assistimos *Roma, cidade aberta* (Roberto Rossellini, Itália, 1945). O convidado foi Walter Kohan, para fechar a temática da infância por esse ano. No segundo semestre, analisamos filmes sobre adolescência e iniciamos também leituras de antecedentes de práticas ou atividades com crianças e adolescentes e cinema (debates, oficinas etc.).

Identificamos uma diversidade de projetos nacionais que já desenvolviam atividades com cinema, entre os quais se destacou pela relevância e tradição o "Cinema e Educação" — Cineduc. Sem dúvida, trata-se da referência mais próxima e mais bem-sucedida. Ficamos encantados com sua história, recursos e experiência.

Mas essa nossa pretensão de "escola de cinema" acabou por nos levar ao aprofundamento de novas buscas. Nelas, descobrimos o projeto desenvolvido na França com cinema nas escolas, a partir de um artigo sobre o projeto "Lang", numa velha revista dos *Cahiers do Cinema* do ano 2000, que não citamos porque passou de mãos em mãos até desaparecer... Pouco tempo depois, um presente de um amigo da Espanha: o livro *La hipótesis del cine*, traduzido ao espanhol e lançado por aquela época na coleção que esse amigo dirigia junto de María Luisa Rodríguez, da editora Laertes. Jorge Larrosa não apenas nos presenteava com o livro, mas também com a generosa indicação de quem viria a se transformar em nossa fada madrinha e formador inicial. Deste modo, nossas principais referências teórico-metodológicas vieram do Rio, da França e da Espanha, fundamentalmente. A experiência francesa corresponde a Alain Bergala (2002). No ano de 2000, o professor e cineasta foi convidado a liderar a proposta de cinema pelo então ministro de Educação da França, Jack Lang, cujo planejamento era desenvolver as artes e a cultura nas escolas públicas francesas. O plano, conhecido como *Le Plan de Cinq Ans*, foi anunciado conjuntamente pelos ministros de Cultura e da Educação, Catherine Tasca e Jack Lang, respectivamente, em 14 de dezembro de 2000 (Bergala, 2002:17-18).

Alguns anos mais tarde, Núria Aidelman Feldman desenvolveu sua pós-graduação, orientado pelo professor Alain Bergala, em Sorbonne Nouvelle, Paris III. Esse foi o nascedouro de várias parcerias que só vêm se multiplicando ano a ano. Núria, com outros colegas, integra a equipe de *A Bao A Qu* (nome tomado de um personagem de Jorge Luis Borges), que criou o projeto *Cinema em curs*, proposta verdadeiramente vanguardista apresentada no Brasil, em novembro de 2007, no marco do I Encontro Internacional de Cinema e Educação da UFRJ, promovido pelo nosso projeto.

Assim, embora se tratando de projetos bem diferenciados pela envergadura e pelo caráter, encontram-se integrados por algumas atividades comuns e pelas pessoas envolvidas. Por exemplo, *Cinema en curs* foi o primeiro organismo de fora da França a vincular-se ao projeto francês *Le cinéma, cent ans de jeunesse*, dispositivo pedagógico da Cinémathèque Française, do qual Alain Bergala é um dos principais representantes. Em 2006, *Cinema em curs* se somou à associação *Os filhos de Lumière*, de Portugal, e, para 2008-2009, fora previsto que fizesse o mesmo na Cinemateca di Bologna. Deste modo, os projetos transitam individualmente, mas se encontram em diversos trechos do caminho, ligando, cada vez mais, diversas instituições europeias.

Os seminários semanais de pesquisa renderam um aprofundamento nas leituras que fundamentaram as novas propostas de práticas a serem desenvolvidas a partir de 2008. Ainda em 2007, iniciamos um curso de extensão destinado a professores e alunos interessados em pesquisar e realizar projetos que articulem cinema e educação, visando especialmente socializar com colegas, alunos, licenciandos etc. os problemas e leituras desenvolvidos nos seminários de pesquisa.

Assim, em 2008 já tínhamos encaminhadas e aprovadas as parcerias com a Cinemateca do MAM-Rio e com o CAp UFRJ para realizar atividades que permitissem, a partir de então, incluir como parte das atividades de campo para esta pesquisa a possibilidade de os alunos participarem como copesquisadores de sua própria infância e adolescência, através das sessões de cinema-debate realizadas no CAp e na Cinemateca, dando-lhes voz, e da produção audiovisual, com referências no cinema, para a qual foi criada a Escola de Cinema do CAp UFRJ, conquistando ainda o carinho e a generosidade do cineasta Nelson Pereira dos Santos como padrinho da mesma.

O curso de extensão continuou articulando professores e alunos de diversas unidades da UFRJ, e também professores externos, preferencialmente da rede pública. Os seminários de pesquisa incluíram professores da FE, do CAp, do Instituto de Psicologia, entre outros externos, como, por exemplo, a Fiocruz, e ainda graduandos, licenciandos, bolsistas e professores da rede pública de ensino. O grupo de pesquisa continuou se aprofundando nas leituras de autores-chave como Walter Benjamin, Mikhail Bakhtin, Inês Teixeira, Rosália Duarte, entre outros, e, dado o número significativo de participantes, precisamos deslocar a reunião da FE para a sala da Biblioteca do MAM-Rio. O curso de extensão continuou ampliando a demanda de interessados.

No final daquele ano, em nosso II Encontro Internacional de Cinema e Educação da UFRJ, conseguimos homenagear nosso padrinho, Nelson Pereira dos Santos, com as produções infantis realizadas por nossos alunos da Escola de Cinema, em especial com a filmagem, produto da revisitação de três locações do filme *Rio 40 graus*, realizada pelos alunos. Contamos também com a presença do professor e cineasta Alain Bergala, cujo livro, *Hipótese-cinema*, traduzimos com sua anuência para nortear os estudos e pesquisas em 2009.

No ano de 2009, além da leitura dos textos de Bergala, incluímos duas leituras de dossiês específicos de cinema e educação lançados no Brasil naquele ano. Avançamos diversificando atividades dentro dos três espaços de pesquisa/ação (FE, Cinemateca MAM-Rio e CAp UFRJ) e ainda iniciamos um projeto piloto visando incluir alguma experiência de cinema também no contexto hospitalar (IPPMG/UFRJ). Assim, foram criados o Cineclube da FE e o do MAM-Rio, que apresentaram uma longa lista de filmes para sensibilizar reflexões, encontros e debates sobre a infância; além de um cineclube no CAp, para aproximar do cinema professores, alunos, funcionários e famílias. Também foi criada uma filmoteca do CAp, junto a uma cabine na biblioteca, com os seguintes objetivos: (a) assistir a filmes através de fone naquele mesmo espaço; e (b) disponibilizar títulos para as aulas de modo geral. Nessa mesma ocasião foi ensaiada uma proposta de projetar cinema mudo nos recreios.

No Instituto de Puericultura e Pediatria Martagao Gesteira (IPPMG/UFRJ), foi articulada uma parceria inicial com o "Projeto Brincante" (da Escola de Educação Física e Desportos/UFRJ e do Instituto de Psicologia/UFRJ), que nos permitiu fazer uma observação atenta de como acontecem as atividades com crianças e jovens no espaço do hospital.

Ainda nesse mesmo ano, foi criada a disciplina "mídia e educação" no Programa de Pós-Graduação em Educação da UFRJ (PPGE/UFRJ), visto que a coordenação da pós entendeu que o cinema teria alguma forma de apelo nesse âmbito já no primeiro semestre. No segundo semestre, ousamos ofertar a disciplina "cinema e educação", que também conseguiu atingir o mínimo de alunos regulares exigido para ser aberta. Surpreendeu-nos a quantidade de alunos de graduação que solicitaram participar como ouvintes.

No III Encontro Internacional de Cinema e Educação, articulamos professores, licenciandos, alunos, familiares e funcionários numa proposta de cinema e educação que contou com a presença de Jorge Larrosa, Carlos Skliar, Lucrecia Martel e Sandra Kogut, entre outros. É na aproximação dos artistas com os educadores, com os alunos universitários e de educação básica que apostamos que o encontro de cinema e educação se personaliza, se estreita e se conserva com força afetiva na memória, agitando a imaginação criativa. No fim daquele ano, finalizamos também a pesquisa com o nome "Cinema para Aprender e Desaprender", reservando este nome apenas às atividades de extensão.

Em 2010, estreamos um novo nome para a pesquisa: "Currículo e Linguagem Cinematográfica na Educação Básica", orientadas pela coordenação do PPGE/UFRJ. Este novo projeto especificava mais nossa pesquisa, nossas leituras, sintonizando ao mesmo tempo com a linha de pesquisa do programa "Currículo e Linguagem". Na tentativa de definir uma prática específica para a pesquisa, identificamos um modelo de experiência de introdução do cinema com alunos e professores de educação básica, dentro e fora da escola, cuja prática nos permitisse endereçar as leituras e comparar as vivências no diferentes espaços. A leitura da obra de Bergala, realizada no ano anterior, nos levou a aprofundar a busca de suas próprias fontes; entre elas, Godard foi o principal diretor identificado como necessário para ter as leituras aprofundadas devido à especificidade do processo criativo. Mario Alves Coutinho acabava de publicar sua tese de doutorado falando da "escrita com a câmera", e nos debruçamos na aventura de identificar conceitos, gestos, pistas para problematizar o aprender cinema na escola e fazer práticas audiovisuais, com inspiração no cinema, que nos permitissem de alguma maneira também ensaiar esse "escrever com a câmera".

Pela primeira vez, participamos de um festival e tivemos a honra de ter o filme produzido em 2009 pelos nossos alunos da Escola de Cinema do CAp, *Na Lagoa Rodrigo de Freitas*, selecionado pela Mostra Geração do Festival do Rio.

O projeto deu continuidade com as atividades de pesquisa, ensino e extensão e trouxe como novidade o cadastramento oficial do projeto "Cinema no hospital?", no Sisnep, Sistema Nacional de Informações Sobre Ética em Pesquisa, envolvendo Seres Humanos, do Ministério de Saúde. Trata-se de um procedimento delicado e demorado, que acabou tomando todo o ano, enquanto continuávamos fazendo observações e selecionando filmes e atividades para serem desenvolvidas.

Nos seminários de pesquisa e no IV Encontro de Cinema e Educação da UFRJ, em 2010, tivemos a alegria de pôr frente a frente a infância no cinema ontem e hoje, colocando *Rio 40 graus* em diálogo com *5 vezes favela, agora por nós mesmos*. Seus diretores e alguns pesquisadores dos estudos de cinema enriqueceram o debate de uma sala paradoxalmente esvaziada pelos eventos de violência de novembro desse ano.

Em 2011, continuamos com as atividades de pesquisa, novamente na FE (infelizmente a Cinemateca — paradoxal caso de conservação e cuidado que coexiste com o abandono — hoje é ameaçada pela água que se infiltra pelo teto e pelo chão). Apertadinhos, contamos com quatro doutores da FE (dois de psicologia da educação, dois de filosofia da educação) e três do CAp (dois de letras e um de belas-artes); nove alunos da pós-graduação; 15 alunos de graduação, incluindo bolsistas, licenciandos, voluntários; alguns professores da rede pública de ensino; dois professores; e um aluno da Fiocruz.

A Escola de Cinema continua, o curso de extensão continua, e nosso foco se centra no objetivo de pesquisar experiências de introdução do cinema com alunos e professores de educação básica dentro e fora da escola. As novidades são as seguintes:

1. a iniciação do projeto *A Escola vai à Cinemateca do MAM*, que alterna atividades de contação de histórias tradicio-

nais com a experiência de introdução ao cinema em quatro encontros, dois na cinemateca e dois na escola;

2. a iniciação das atividades *Cinema no Hospital?* Este projeto, cuja primeira aprovação surgiu do piloto desenvolvido em 2009/2010 no ambulatório, teve efetivo início em abril de 2011, a partir da aprovação do projeto de pesquisa e extensão no Sisnep e da aprovação, em 6 de janeiro de 2011, pelo Comitê de Ética do IPPMG. A ampliação da UPI (Unidade de Pacientes Internos) para outros espaços (CTI, ambulatório etc.) acontecerá progressivamente, à medida que surja como demanda, e que seja testada com breves experiências piloto, contando com os profissionais locais como parceiros. Consideramos de particular interesse o fato de introduzir aulas de cinema (visualização e experimentação) no horário escolar, abrindo uma possibilidade significativa à arte no tempo reservado ao pedagógico. Uma proposta de cinema como arte permeando a educação no contexto hospitalar abriga o desejo de dar vida à arte e arte à vida. De acordo com o que combinamos com as autoridades responsáveis pelos projetos de humanização do IPPMG — Instituto de Puericultura e Pediatria Martagão Gesteira, da UFRJ, na Unidade de Pacientes Internos, atualmente estamos fazendo projeção de filmes (curtas, médias e longas) e um ensaio piloto no setor dos pacientes (crianças e adolescentes) com HIV, no setor ambulatorial;

3. a articulação com um projeto maior, coordenado pela Direção da Faculdade de Educação, que visa apoiar e diversificar atividades em parceria com a Escola Tenente Antônio João. Esta escola solicitou apoio à reitoria da UFRJ em 2010 por ter alcançado um resultado muito baixo nas pro-

vas de avaliação oficiais, e alegou o contraste deste resultado em uma instituição localizada na própria ilha do Fundão, onde se encontra o maior campus da universidade. A reitoria encaminhou o pedido para a FE, que prontamente se disponibilizou a elaborar um projeto, convidando e convocando um grupo de professores, que, cada um na sua área, estão realizando atividades para identificar os problemas e criar estratégias coletivas de otimização da atividade pedagógica. Abrimos também, no final de 2010, o Cineclube Educação em Tela, em parceria com o Centro de Filosofia e Ciências Humanas (CFCH), espaço onde licenciandos, professores e graduandos se encontram e debatem cinema.

Todos os projetos realizados têm sido financiados com recursos da Faperj e do Banco do Brasil, e com bolsas para alunos de Iniciação Científica, Artística e Cultural e de Extensão da UFRJ. Estamos nos organizando para dar início ao projeto de criação de um Centro de Referência de Pesquisa e Docência em Cinema e Educação no Laboratório de Educação, Cinema e Audiovisual da Faculdade de Educação, que servirá de sede para o projeto de criação de quatro novas escolas de cinema em escolas públicas do Rio de Janeiro, sonho que terá início a partir de 2012, graças à conquista da Encomenda MCT/Sebrae/Finep — Cooperação ICT/MPE, Economia da Cultura nº 02/2007, aprovada em 2010.

Fundamentos teórico-metodológicos

Nosso projeto recém-nascido sustentava como principais referenciais teóricos Jaques Aumont e Michel Marie, professores de Paris

III, que têm uma vasta produção sobre teorias do cinema, conceitos e práticas. Para pensar pedagogicamente as possibilidades de aprender, desaprender e reaprender e ainda problematizar estes conceitos, recorremos a autores como Walter Benjamin e Mikhail Bakhtin, assim como a alguns escritores particularmente "crianças": Manoel de Barros, Bartolomeu Campos de Queiros, Saint-Exupéry e Maurice Druon. Em setembro de 2007, como já dissemos, incorporamos uma nova referência que eclipsou em parte nosso arcabouço teórico pela especificidade da experiência com cinema nas escolas públicas da França, desenvolvida durante cinco anos, o projeto *La Misión,* realizado por Alain Bergala, professor de cinema em Sorbonne Nouvelle, Paris III, em Lyon 2 e Rennes 2, cineasta e autor de filmes de ficção e documentários. O propósito do projeto francês era o de introduzir as artes nas escolas, diferenciando, por um lado, "arte" do "ensino das artes", e, fundamentalmente, o "audiovisual" do "cinema". Deste modo, o cinema entrou nas escolas públicas da França com uma marca diferenciada.

Pela primeira vez, nesta proposta, o cinema teria "outro" lugar no contexto escolar, nada menos que o lugar da arte. Bergala se refere à educação e ao cinema como duas formas de salvação pessoal. Sua contribuição teórica para esta pesquisa o torna central entre outras referências, como, por exemplo, com o conceito de cinema como discurso cinematográfico e como experiência de Ismail Xavier, e as pontes que já vinham tecendo entre cinema e educação Rosália Duarte, Inês Assunção de Castro Teixeira e José de Sousa Miguel Lopes, entre outros reconhecidos autores brasileiros. Outros referenciais, neste caso cineastas, cujos escritos e entrevistas alimentam a pesquisa pela singular forma de pensar e fazer cinema, são Orson Welles, Jean Renoir, François Truffaut, Andrei Tarkovski, Jean-Luc Godard e o crítico Serge Daney. Dos mais próximos, temos estudado alguns textos de Nelson Pereira dos Santos (padrinho da Escola de Cinema do CAp UFRJ), Glauber Rocha e João Moreira Salles.

Entre os princípios que nortearam esta pesquisa, destacam-se os seguintes:

— A existência de múltiplas teorias de cinema, e não de uma única e verdadeira. Delas todas, privilegiamos aquelas que entendem o cinema como arte e como manifestação de afetos e simbolização do desejo (Aumont & Marie, 2003);

— A hipótese de alteridade de Alain Bergala: o cinema entra na escola como um "outro", que provoca a instituição escolar com o ato criativo, aproximando o artista do educador e dos alunos (Bergala, 2002);

— A leitura bakhtiniana do outro (exotopia da visão): o ato de olhar o outro e espelhar-me nas suas pupilas é uma experiência pela qual o outro afirma minha singularidade e vice-versa (Bakhtin, 2003);

— "O desaprender 8 horas por dia ensina os princípios" (Manoel de Barros): é necessário pensar nas possibilidades de aprender com as experiências do cinema, mas, fundamentalmente, de desaprender com elas, para poder "ver, re-ver e trans-ver o mundo", como sugere o poeta;

— A necessidade de aprender a olhar (Saint-Exupéry, 1974): para ver cinema é importante aprender a olhar, lembrando que o essencial é invisível aos olhos;

— A fundamental importância de favorecer experiências estéticas na escola (Queirós, 2004): entendendo etimologicamente a palavra estética, que nos leva às sensações e sentidos, e concebendo que os sentidos têm raízes no corpo inteiro, como disse o poeta;

— A proposição de que todo professor deverá experimentar o devir de um *passeur* (passador) (Daney apud Bergala,

2002): entendendo por passador aquele que ao ensinar dá algo de si, acompanha a quem aprende no seu processo, correndo os mesmos riscos, participando da mesma travessia;
— O insistente convite de visitar a cinemateca e o "experimentar o fazer" devem fazer parte do processo de formação de quem deseja aprender cinema (Godard): a visualização de filmes na cinemateca e a passagem pelo processo de pré-produção, produção e pós-produção.

Considerações finais

O fato de o cinema funcionar como um "outro" também nos fez descobrir muitas coisas sobre outras culturas e mais ainda sobre a nossa e sobre nós mesmos. Descobrimos que o outro não apenas completa nossa visão do mundo, como também nos dá novas perspectivas para a própria percepção de nós mesmos. A aproximação e o contato efetivo dos artistas com os alunos, sua visita à escola e sua interação constituíram momentos marcantes de desaprendizagens inesquecíveis na memória de todos.

Nas diferentes atividades realizadas como experiências do cinema, temos tentado sempre fazer o exercício de aprender, desaprender e reaprender, tentando ativar a memória e a imaginação para ver e rever os filmes, inclusive para analisar as experiências do fazer cinema no contexto escolar, em seus diferentes momentos, pensando nos avessos, como nos ensinam Walter Benjamin e Manoel de Barros. Há uma enorme clareza que toda linguagem é simultaneamente pletórica e insuficiente (Bernardo, 2010), e o cinema, como uma escrita, não foge desse mesmo destino, por essa razão é capaz de se constituir como arte. Com isso, sua potência é fruto justamente da falta, da incompletude, que, como na própria condição humana, é motivo ou causa de desejo, de invenção, de buscas e de alteridade.

Referências bibliográficas

AUMONT, Jacques; BERGALA, Alain; MARIE, Michel; VERNET, Marc. *Estética del Cine*: espacio fílmico, montaje, narración, lenguaje. Buenos Aires: Paidós, 2005.

AUMONT, Jacques; MARIE, Michel. *Dicionário teórico e crítico de cinema*. Campinas: Papirus, 2003.

BAKHTIN, Mikhail. A forma espacial da personagem. In: _____. *Estética da criação verbal*. 4. ed. Trad. do russo de Paulo Bezerra. São Paulo: Martins Fontes, 2003. p. 21-90.

BARROS, Manoel de. *Manoel de Barros Por Pedro Paulo Rangel e Manoel de Barros*. "Coleção Poesia falada". v. 8. Brasil: Luz da Cidade; 2001. Disco compacto (53 min.): digital, estéreo LCPF 008.

BENJAMIM, Walter. *Magia e técnica, arte e política*: ensaios sobre literatura e história da cultura. Obras escolhidas. 7. ed. São Paulo: Brasiliense, 1996. v. 1.

_____. *Reflexões sobre a criança, o brinquedo e a educação*. São Paulo: Duas Cidades/34, 2005.

BERGALA, Alain. *L'hipothèse cinéma*: petit traité de transmission du cinéma à l'école et ailleurs. Paris: Petit Bibliothèque des Cahiers du Cinéma, 2002.

BERNARDO, Gustavo. *O livro da metaficção*. Rio de Janeiro: Tinta Negra, 2010.

FRESQUET, Adriana Mabel (org.). *Imagens do desaprender*. Uma experiência de aprender com o cinema. Rio de Janeiro: Booklink/Cinead-Lise-FE-UFRJ, 2007.

FRESQUET, Adriana Mabel; XAVIER, Márcia Regina (orgs.). *Novas imagens do desaprender:* uma experiência de aprender cinema entre a cinemateca e a escola. Rio de Janeiro: Booklink/UFRJ/Lise/Cinead, 2008.

FREUD, Sigmund. *Obras psicológicas completas de Sigmund Freud.* Rio de Janeiro: Imago, 1996. v. II.

GODARD, Jean-Luc. Você quer fazer cinema? Pegue uma câmera! In: TIRARD, Laurent. *Grandes diretores de cinema.* Rio de Janeiro: Nova Fronteira, 2006.

LARROSA, Jorge; CASTRO, Inês Assunção de; SOUSA, José Miguel de. *Miradas cinematográficas sobre la infancia*: niños atravesando el paisaje. Buenos Aires: Miño y Dávila, 2007.

QUEIRÓS, B. C. *Os 5 sentidos.* São Paulo: Global, 2004.

RIVERA, Tânia. *Cinema, imagem e psicanálise.* Rio de Janeiro: Zahar, 2008.

SAINT-EXUPÉRY, Antonie de. *El principito.* Buenos Aires: EMECE, 1974.

Cultura "audiovisual" e a formação do professor de arte

Maria Cristina Miranda da Silva

Com o objetivo de proporcionar aos diversos segmentos da escola — em especial aos estudantes e licenciandos de artes visuais — uma leitura crítica das expressões audiovisuais nas suas diferentes formas (cinema, animação, vídeo e outras), por meio de sua fruição e do (re)conhecimento e análise de suas(s) linguagem(s), o projeto "Meios de Comunicação Audiovisuais, Novas Tecnologias e Educação", desenvolvido no Setor Curricular de Artes Visuais do CAp UFRJ, vem introduzindo estudos e práticas de fotografia, cinema e filmes de animação nas turmas de educação básica e também nas atividades de formação de professores que compõem o trabalho institucional da instituição.

A partir de uma breve sistematização da trajetória do projeto, abrangendo seus três módulos temáticos — a linguagem audiovisual no ensino de artes visuais; novas tecnologias da imagem; e a utilização dos meios de comunicação audiovisuais na educação —, pretendemos apresentar algumas questões baseadas em experiências investigativas no campo da cultura visual e do ensino da arte na formação de professores de arte no CAp UFRJ.

A expressão "cultura visual", conforme destaca Ana Mae Barbosa (2002), diz respeito às "mídias que modelam nossa mente, nos ensinam sobre arte e comandam a nossa educação", e entrou no vocabulário dos arte-educadores no Brasil desde os fins dos anos 1990, com Kerry Freedman (a partir de curso ministrado no SESC-São Paulo, em 1998) e os estudos de Fernando Hernández. Neste capítulo, cumpre esclarecer, a utilização do termo cultura "audiovisual" destina-se apenas a fazer uma referência às expressões artísticas que extrapolam o sentido visual.

Linguagem audiovisual e o ensino da arte

O campo das artes visuais está presente na formação dos estudantes do CAp desde as séries iniciais do ensino fundamental até o 2º ano do ensino médio. Além de abarcar as diferentes linguagens das artes plásticas (pintura, gravura, desenho, escultura), engloba outras formas de expressão artística, como a fotografia, o cinema, o cinema de animação, a videoarte, além de outras experiências com novas tecnologias da imagem. O ensino de artes visuais deve abordar desde obras consideradas consagradas e reconhecidas, difundidas pelos museus, galerias de arte e publicações especializadas, até a produção caracterizada como indústria cultural e as manifestações estéticas do cotidiano elaboradas fora do circuito — muitas vezes críticas ao mesmo — das corporações das mídias (filmes, outdoors, grafites, manifestações artísticas no espaço urbano, entre outros). Nesse vasto terreno de expressões, buscamos propiciar o crescimento intelectual, social, cultural e estético dos estudantes, na expectativa de desenvolver a sensibilidade dos educandos e sua consciência crítica acerca do mundo, conforme propugna o Programa do Setor Curricular de Artes Visuais Universidade Federal do Rio de Janeiro (2000:4) da escola:

Consideramos, ainda, importante nos processos de educação em arte, desenvolver a sensibilidade crítica dos alunos e alunas, de modo que a sua formação nesta área de conhecimento lhes permita um posicionamento frente a todas as produções socioculturais, individuais ou coletivas, envolvidas com a realidade visual: arte, cinema, arquitetura, urbanismo, design, meios de comunicação de massa, novas mídias.

De acordo com Hernández (2000), o universo do visual (e/ou audiovisual) é mediador de valores culturais, e a relação dos indivíduos com esse universo ultrapassa os limites disciplinares e institucionais. Não há como desenvolver o pensamento crítico dos indivíduos se concebermos as artes visuais como uma realidade externa às relações sociais e à criação humana. Por isso, a prática pedagógica realizada nas turmas abrange, em especial, a compreensão do processo de criação das expressões artísticas, além do próprio fazer artístico e de toda a sua contextualização histórico-política.

Conforme já ressaltado por Hauser (2003), o entendimento da arte pressupõe a capacidade de o sujeito realizar a conexão entre seus elementos formais, simbólicos e materiais. Assim, por meio de diferentes exercícios, vivências artísticas e estéticas — e da reflexão sobre as mesmas —, buscamos propiciar referências teóricas e práticas para que os estudantes possam decodificar e realizar novas codificações dos elementos das linguagens visuais.

Nesse sentido, a prática pedagógica de artes visuais privilegia a investigação e a experimentação dos referidos meios: trata-se de conhecer, experimentar e integrar técnicas, tecnologias e materiais expressivos, de modo que estes possam estar a serviço do desenvolvimento das linguagens visuais em sala de aula e, assim, educar esteticamente a sensibilidade dos(as) estudantes para o mundo à nossa volta.

As primeiras iniciativas de integração da linguagem audiovisual ao ensino de artes no CAp foram realizadas nas turmas de 9º ano do Ensino Fundamental, que estudam o movimento na perspectiva das artes visuais,[1] e nas turmas do Ensino Médio, cujo objetivo curricular abrange o aprofundamento da linguagem visual desenvolvida nas séries anteriores por meio dos projetos dos professores do setor curricular, nesse caso com especial ênfase no cinema, no cinema de animação e no audiovisual. Posteriormente, como desenvolvimento do primeiro módulo do projeto "A linguagem audiovisual no ensino de artes visuais", passamos a trabalhar a temática em outras séries do Ensino Fundamental. Nestas turmas, foram desenvolvidos eixos temáticos como *A imagem fotográfica; A descoberta do movimento (os aparelhos ópticos que precederam o cinema); A imagem em movimento; A linguagem do cinema; Animação: pesquisa de materiais e técnicas; Vídeo e TV: pesquisa de linguagem; Videoarte, e Novas tecnologias da imagem*. O trabalho que prevaleceu com mais intensidade, dos primeiros anos do projeto até a atualidade, foi o relacionado ao cinema de animação. No entanto outras expressões artísticas mediadas por tecnologias seguem sendo pesquisadas e desenvolvidas com os estudantes.

---

[1] Conforme o programa do Setor Curricular de Artes Visuais (2000), o tema gerador do 9º ano do EF é "Tempo-Movimento e Ritmo", abarcando em especial: "O movimento como linguagem visual; As artes plásticas, a fotografia e o cinema: relações e influências; Construção do movimento ilusório e real: o movimento como representação e o movimento real na obra de arte; O ritmo como linguagem; Experiência como elementos visuais que produzem ritmo na composição; Movimento no espaço; Noções sobre estilos básicos nas artes visuais, arquitetura e no cinema; Relações entre as diversas modalidades de expressão artística; Correntes estilísticas básicas: naturalismo, idealismo, expressionismo, tendências surrealistas e fantásticas".

A partir de 2003, o projeto se somou ao "Laboratório de Licenciatura: o uso de tecnologia educacional no desenvolvimento de práticas pedagógicas", desenvolvido no CAp UFRJ sob a coordenação das professoras Izabel Cristina Goudart da Silva e Rosangela Conceição de Souza, e adquiriu alguns equipamentos básicos para a captação, o registro e a exibição das imagens em movimento, possibilitando que os filmes de animação fossem desenvolvidos simultaneamente em mais de uma turma, atingindo um número maior de turmas. As animações realizadas durante as aulas de artes visuais e em oficinas especialmente criadas para o desenvolvimento do projeto, como a AnimaCAp,[2] apresentam temáticas do universo das crianças e dos jovens, que experimentam todo o processo de criação, desde a ideia e concepção de roteiro, escolha das técnicas a serem trabalhadas (no caso dos alunos do Ensino Médio) até a montagem e sonorização. Desde sua criação, o projeto já desenvolveu mais de 30 filmes de animação de curta duração a partir de exercícios de experimentação de diversas técnicas com diferentes materiais expressivos e de desenvolvimento da linguagem audiovisual, alguns deles selecionados e apresentados em mostras e festivais de cinema.[3] Contudo, em que pese o re-

---

[2] Oficina de animação em diferentes técnicas e sessões de exibição, oferecidas em mais de uma edição da Semana de Arte, Ciência e Cultura — SACC, evento tradicional no CAp UFRJ que abriga apresentações de trabalhos de diversas disciplinas.

[3] Filmes selecionados e apresentados no Festival do Rio / Mostra Geração / Vídeo Fórum 2005 (Espaço Unibanco de Cinema): *A menina* (2005). Britto, F. C. V. S. (org.); CAp UFRJ, 2ª série EF, 2005 (Animação em massa de modelar) / *O pescador e o peixe* (2005). Britto, F. C. V. S. (org.); CAp UFRJ, 6ª e 8ª série EF, 2005 (Animação em massa de modelar) / Vídeo Fórum 2006: *O craque* (2006). Oficina de Arte Ciência e Cultura CAp UFRJ — 2005 (Massa de modelar) / *Olha o Fio* (2006). Oficina de Arte Ciência e Cultura CAp UFRJ — 2005 (Massa de modelar) / Vídeo

conhecimento do trabalho realizado pelos estudantes (e orientado pelos professores coautores), sobressai o significado formativo dos mesmos, possibilitando o conhecimento e a experimentação de diferentes técnicas e estimulando o desenvolvimento de um estilo próprio de expressão inerente à experiência propriamente artística. Em outras palavras, trata-se de pensar o cinema de animação, assim como outras formas de expressão mediadas por antigas e novas tecnologias, sua produção, sua fruição, seu ensino e, portanto, sua aprendizagem, mesmo no universo escolar, como uma experiência artística.

Conforme Favaretto (2004:13):

> Tratando-se de cinema e, mais extensamente, de todas as novas tecnologias das imagens, pergunta-se se o que estaria em questão na escola não seria a constituição de *verdadeiros laboratórios experimentais da sensibilidade e do pensamento visual*. [grifo nosso]

Pensar visualmente requer, no entanto, que seja privilegiada a lógica espacial das imagens (ou das manifestações artísticas audiovisuais) e não, ao contrário, as análises da arte como linguagem que se constituem "na lógica temporal da escrita e da conversação", conforme ressaltado por Hernández (2009:199). Para o pesquisador:

> Uma imagem não pode ser considerada como uma combinação de sintagmas visuais ou de elementos morfológicos, como

---

Fórum 2008: *O boxeador* (2008). Britto, F. C. V. S. (org.); CAp UFRJ, Turma 21B, 2008 (Animação em Massa de modelar) / *Zen* (2007-2008). Britto, F. C. V. S. (org.); CAp UFRJ, 1ª e 2ª série EM (Animação em papel e acetato).

poderiam ser a linha, a figura, a forma, o contraste, o equilíbrio etc. Uma imagem é, acima de tudo, uma representação de significados, e seus elementos visuais são relevantes, não porque podem ser assinalados de maneira isolada e descontextualizada, mas pela sua contribuição à produção de significado de uma maneira sistemática (Hernández, 2009:109).

Nesse sentido, consideramos imprescindível que a linguagem audiovisual seja apropriada pela escola como um todo: a história, a linguagem, o fazer. A reflexão e a experimentação; a expressão; a exploração de técnicas, tecnologias e linguagens.

Arte, tecnologia e novas mídias

Diferentemente do passado recente, em que a tecnologia (projetores, rolos de filmes etc.) envolvia recursos muito acima dos disponíveis nas escolas públicas brasileiras, hoje podemos fazer cinema até com um simples aparelho de telefone celular que possua uma câmera. Entretanto, os meios tecnológicos pouco representam sem a possibilidade criadora da linguagem e da estética da criação das imagens e dos sentidos.

Machado (2008) busca definir relações entre os termos "arte" e "mídia" compreendendo tanto "as experiências de diálogo, colaboração e intervenção crítica nos meios de comunicação de massa" quanto "quaisquer experiências artísticas que utilizem os recursos tecnológicos recentemente desenvolvidos, sobretudo nos campos da eletrônica, da informática e da engenharia biológica", ou seja, a questão ultrapassa a mera utilização das tecnologias na produção artística. Trata-se de fato da compreensão da imbricação entre os dois termos. Considerando que a "arte sempre foi produzida com os meios de seu tempo", Machado (2008:69) adverte para a "convergência" e "divergência" da arte e seus meios, por exemplo, em relação à fotografia, ao cinema, à televisão e ao vídeo, meios que se assemelham em diversos aspectos e que foram pensados separadamente em diferentes campos do saber, e que hoje se hibridizam de tal forma que exigem "uma mudança de estratégia analítica. Em lugar de pensar os meios individualmente, o que começa a interessar agora são as passagens que se operam *entre* a fotografia, o cinema, o vídeo e as mídias digitais".

Cumpre ressaltar, portanto, que o ensino da arte (e a educação em geral) deve ser pensado a partir da consideração de que a arte se redefine de maneira constante e em múltiplas direções (Hernández, 2000).

O físico e crítico da arte Mário Schenberg (2010) também aborda as mediações entre a tecnologia e as manifestações artísticas. Conforme demonstra em seu texto, publicado originalmente em 1973, historicamente, arte, ciência e tecnologia têm caminhado com profundas relações entre si.

> Os resultados da ciência de uma época influenciam basicamente a sua visão do mundo, da sociedade e do homem. Por isso repercutem intensamente sobre a sua arte, de modo direto ou indiretamente, através de suas ideologias e filosofias. Muitas vezes, ideias semelhantes surgem independentemente em ciência e arte numa convergência impressionante (Schenberg, 2010:136).

Além disso, como afirma o físico, "o desenvolvimento tecnológico esteve sempre associado ao da industrialização", e estas articulações "resultaram variadíssimas influências sobre a arte". A tecnologia e a ciência "levaram a modificações essenciais tanto das formas de expressão artística como do próprio conceito de arte no decorrer deste século [XX]" (Schenberg, 2010:138).

Segundo Machado (2008:10-14), "a apropriação que a arte faz do aparato tecnológico que lhe é contemporâneo difere significativamente" de qualquer outra de outros setores da sociedade, pois o artista, de fato, é aquele que não se submete "às determinações do aparato técnico", mas, ao contrário, subverte "continuamente a função da máquina ou programa que ele utiliza", ou seja, os maneja "no sentido contrário ao de sua produtividade programada".

Assim, não somente o fazer artístico, mas a reflexão sobre as inter-relações também entre ciência, tecnologia e arte deve ser abordada no ensino de arte.

Nesse sentido, com o objetivo de ampliar a reflexão sobre as novas tecnologias da imagem e sua relação com a produção plástica, e como parte do desenvolvimento do segundo módulo do projeto "Novas Tecnologias da Imagem", desenvolvemos desde 2009 a "Mostra arte debate", que consiste em apresentar a estudantes, licenciandos e comunidade do CAp, experiências que promovam novas interfaces e diálogos no campo das artes e do audiovisual, sobretudo aquelas que utilizam mediações tecnológicas, como a fotografia, o cinema, o vídeo e as mídias digitais.

A primeira edição do evento, I ArteDebate — Cinema ao Vivo,[4] realizou-se em novembro de 2009, no Auditório do CAp, e apresentou a temática do *live cinema* a partir da exibição do filme *Ressaca*, de Bruno Viana, com edição do filme e sonorização ao vivo pelo próprio diretor. No evento, buscamos aproximar os profissionais da educação em geral, e os professores, estudantes e licenciandos do CAp UFRJ da produção cinematográfica con-

---

[4] Auspiciado por projeto submetido ao convênio UFRJ-Banco do Brasil para a realização de eventos.

temporânea brasileira e da reflexão acerca de novas linguagens e formas de interação com a produção de narrativas por meio de imagens mediadas por novas tecnologias.

O II ArteDebate — Mídia e Arte Contemporânea, realizado no segundo semestre de 2010, teve como tema as experiências artísticas que se utilizam de tecnologias de informação e comunicação (TIC's) em dispositivos móveis como celulares. Na ocasião, apresentamos o trabalho do artista gráfico Cadu Lacerda em conjunto com a licencianda Isabella Navarro, "App Invisível", apoiado em uma sofisticada tecnologia de *realidade aumentada para iPhone e visão computacional*.

O III ArteDebate — Fotografia Expandida aconteceu em 2013, no contexto do "Investigações Fotográficas" (curso de extensão oferecido a estudantes de licenciatura em artes e professores da rede pública), e apresentou como temática os processos artesanais de fotografia, a arqueologia da fotografia, sobretudo no que se refere à utilização da técnica de pinhole e suas interligações com a fotografia contemporânea.

Nas três edições do evento, a escolha dos temas manteve relação direta com o processo de trabalho desenvolvido nas turmas de ensino médio acolhidas pelo projeto "Meios Audiovisuais". Da mesma forma, as temáticas foram trabalhadas com os licenciandos nos espaços próprios da formação docente empreendida pelos professores regentes da turma onde o estágio se realiza.

É uma realidade irrefutável que, com a popularização das câmeras digitais, nunca tantas imagens foram produzidas e colocadas em circulação. Entretanto, cada vez mais as imagens se tornam padronizadas, iguais, numa mesma superfície do olhar. Podemos reafirmar como atual a indicação do escritor Ítalo Calvino (1990), em *Seis propostas para o próximo milênio*, da importância e da necessidade que a "visibilidade" seja um dos valores a serem preservados no século XXI. O autor nos alerta para o "bombardeio" de imagens que sofremos e o depósito em nossa memória desses "estilhaços visuais", como se fôssemos um depósito de lixo, onde é cada vez menos provável que um deles adquira relevo. Adverte-nos, ainda, para o risco de, a partir de uma crescente inflação de imagens pré-fabricadas, perdermos nossa fantasia imaginativa. O antídoto contra isso: o estudo da arte, o conhecimento das linguagens visual e audiovisual, o desenvolvimento da percepção, da sensibilidade, da capacidade crítica. Nesse sentido, é imprescindível que educandos e educadores se apropriem das tecnologias e linguagens utilizadas/reelaboradas nas diferentes manifestações artísticas.

Os audiovisuais na educação e a formação de professores

O trabalho docente, conforme nos apresenta Barreto (2002), tem sido bastante esvaziado e expropriado pelas políticas educacionais ditadas pelos organismos internacionais para os países periféricos. A autora afirma que, "mesmo na universidade é cada vez mais difícil manter um vinculo interno entre docência e pesquisa, formação e criação, conhecimento e pensamento", quando o trabalho docente fica reduzido a uma perspectiva instrumental (Barreto, 2002:105-18).

O CAp, como espaço universitário, implementa atividades de pesquisa e de formação de professores, particularmente por meio do estágio supervisionado em diversas áreas do conhecimento. No caso de artes visuais, os licenciandos, estudantes do Curso de Licenciatura em Educação Artística — Artes Plásticas da Escola de Belas-Artes — EBA-UFRJ, além do estágio nas turmas de educação básica, participam dos projetos desenvolvidos no Setor Curricular de Artes Visuais. A participação nos projetos de pesquisa e/ou extensão dos docentes, em grande parte ligados ao processo de ensino e aprendizagem, possibilita que os estudantes, em suas vivências preparatórias à docência, sejam "sujeitos do conhecimento" nos saberes específicos do seu ofício, na perspectiva das teses de Tardiff (2000) ressaltadas por Barreto (2002:109): "a prática deles, isto é, seu trabalho cotidiano, não é somente um lugar de aplicação de saberes produzidos por outros, mas também um espaço de produção, de transformação e de mobilização de saberes que lhe são próprios" (Tardiff, 2000:121, apud Barreto, 2002:109).

Para Barreto (2002:107), a "configuração atual da docência não pode estar desvinculada da relação entre ensino e pesquisa, nas suas várias dimensões, nem dos modos pelos quais as tecnologias têm sido incorporadas aos processos pedagógicos", ao adquirirem função instrumental para conferir um caráter de eficiência pleiteado pelas políticas de ajuste estrutural.

A difusão de tecnologias e, mais do que a difusão, a produção das mesmas são indissociáveis do processo de produção e circulação do capital. A maior parte das chamadas inovações tecnológicas nascem nos departamentos de pesquisa e desenvolvimento das corporações, tornando a produção material e simbólica extremamente concentrada e inextricavelmente imbricada ao mundo dos negócios. De fato:

> Os filmes, os esportes, a música popular, a informação eletrônica e os programas de televisão são os novos produtos que interessam, financeira e ideologicamente, ao comércio internacional. Os produtos culturais midiáticos já ocupam o segundo lugar — depois da indústria aeroespacial — nas exportações dos Estados Unidos. A influência destes produtos,

criados para vender, sobre as crenças e a consciência humana, é difícil de avaliar, mas não se pode passá-la por alto (Schiller, 1996:93, apud Hernández, 2000:43).

Para Hernández (2000:43) o estudo corrobora a importância de um dos objetivos da "educação para a compreensão da cultura visual": o estudo e a decodificação dos produtos culturais midiáticos. Frente ao *apassivamento* desejado pela indústria cultural, torna-se imprescindível a formação de sujeitos críticos por meio do conhecimento das linguagens, das formas de produção, leitura e de apropriação dos meios de comunicação audiovisuais.

> (...) Pensar nos alunos mais do que como consumidores de imagens que devam aprender a decompor em elementos de linguagem (como se as imagens fossem um texto cujo significado se interpretasse analisando os morfemas e os grafemas) ou de produtores artesanais de algumas imagens que hoje podem ser elaboradas com maior diversidade e qualidade a partir das possibilidades oferecidas pelos novos suportes tecnológicos (Hernández, 2000:27).

É nesse sentido que se insere o trabalho de formação de professores no terceiro módulo do projeto "Meios de Comunicação Audiovisuais — A Utilização dos meios de Comunicação Audiovisuais na Educação", na perspectiva de desenvolver reflexões sobre a inserção da temática da cultura "audiovisual" na educação, em especial na formação dos professores de arte.

Como forma de consolidação e apoio ao módulo de ensino (A Linguagem Audiovisual no Ensino de Artes), ao longo dos últimos realizamos atividades de levantamento de filmes que pudessem ser utilizados como material didático sobre a linguagem do cinema nas aulas de artes visuais e em cursos de extensão a serem desenvolvidos pelo projeto, em especial pesquisa, seleção e aquisição de: animações em vídeo ou película realizadas no Brasil e no exterior; bibliografia especializada em cinema de animação e sobre a importância da imagem em movimento (cinema e cinema de animação) para a educação. Além disso, cabe citar, por relevância, pesquisa de sites relacionados ao assunto e software para a realização das animações; pesquisa de material didático audiovisual, com o objetivo de proporcionar a descoberta do cinema de animação como linguagem; pesquisa de materiais e técnicas artísticas utilizadas em cinema de animação, e investigação de possibilidades de aplicá-los em turmas de ensino fundamental e médio.

As pesquisas realizadas pelos professores vinculados ao projeto e pelos licenciandos nos possibilitou iniciar a construção de um acervo próprio, ainda em fase de organização, e também a produção de material didático. Futuramente todo este material será disponibilizado em um site, de forma que educadores de outras instituições possam manter contato direto com as atividades desenvolvidas pelo CAp UFRJ na área de animação.

Assim surgiu, por exemplo, o "Animando a Arte Brasileira", envolvendo a produção de uma série de filmes de animação a partir da obra de artistas brasileiros para servir como material didático para aulas de artes visuais. O primeiro filme da série — *Memórias de Portinari* (2005-2006. Técnica: recorte a partir da obra de Portinari, pintura, objetos) — foi desenvolvido, conjuntamente com bolsistas de Iniciação Artística e Cultural (IAC), e sua trilha sonora foi criada pelo professor Daniel Puig, do Setor Curricular de Música.

Além disso, pesquisas de temáticas específicas, como a arqueologia das mídias, a história da produção audiovisual e a investigação das possibilidades de utilização dos meios de comunicação audiovisuais na educação, têm sido realizadas anualmente pelos bolsistas vinculados ao projeto, em sua maioria estudantes de licenciatura em artes.[5]

Em relação ao trabalho de formação docente dos licenciandos que realizam estágio nas turmas de Ensino Médio participantes do projeto, observamos que os estudantes, por não possuírem em sua formação um espaço dedicado ao estudo das linguagens audiovisuais, em especial o cinema e a animação, exploravam pouco o estágio no que se refere à observação e à análise do processo de ensino-aprendizagem, pois, na maior parte do tempo, se dedicavam, junto com os alunos do CAp, a apreender o conteúdo apresentado e trabalhado.

Identificando essa lacuna na formação, oferecemos aos licenciandos, nos anos de 2009 e 2010, a Oficina de Metodologia do Ensino de Cinema e Animação. Embora o projeto tenha se desenvolvido especialmente na área de animação, objetivamos neste espaço, além de apresentar os conteúdos específicos de cinema e de animação, aprofundar o debate sobre cinema e educação. Ao longo do ano, por meio da leitura e discussão de textos e da apreciação de filmes, discutimos a história do cinema e da animação, as questões técnicas e filosóficas destas linguagens e o debate sobre cinema e educação, em especial articulando os conteúdos com o debate sobre arte-educação e sobre metodologia do ensino. Além de ser um espaço de experimentação de técnicas e materiais (em cinema e em

---

[5] Desde 2005, 21 trabalhos orientados pelos professores orientadores e colaboradores do projeto já foram apresentados nas sucessivas edições da Jornada Giulio Massarani de Iniciação Científica, Artística e Cultural da UFRJ, em especial versando sobre a metodologia de ensino do cinema e animação, a produção de imagem em movimento, novas mídias e tecnologias da educação, a formação do espectador na modernidade, entre outros.

animação), a oficina se transformou também num espaço de produção de conhecimento sobre as linguagens audiovisuais na educação.

Em 2010, os professores, os bolsistas e os licenciandos vinculados à oficina desenvolveram uma pesquisa conjunta com os participantes da Oficina de Metodologia do Ensino de Cerâmica acerca da experimentação de diversas técnicas conjugadas na produção de peças de cerâmica (modelagem em argila) e sua utilização no cinema de animação. O resultado da pesquisa foi aplicado em oficinas para o desenvolvimento de peças de cerâmica e oficinas de animação culminando em uma sessão de cinema — "Cerâmica Animada" — durante a Semana de Arte, Ciência e Cultura do CAp com a apresentação dos trabalhos de animação realizados. A experiência tem sido apresentada em espaços acadêmicos (como na Jornada Acadêmica do CAp — JACAp 2011 e no Seminário de Instituições, Colégios e Escolas de Aplicação — Sicea 2011), possibilitando aos docentes e licenciandos envolvidos no projeto a troca de experiências e a construção de saberes compartilhados.

No ano de 2011, a oficina, que veio se configurando, para a formação de professores, num espaço privilegiado de investigação sobre a cultura "audiovisual" e o ensino da arte, passou a ser denominada Oficina de Audiovisual e Educação, coerente com o trabalho que vem sendo desenvolvido em uma das turmas do Ensino Médio sobre a fotografia, a arte, as experimentações e interações com tecnologias e a reflexão acerca da produção e circulação da imagem fotográfica no cotidiano e na contemporaneidade.

Algumas considerações

Como dimensões do ensino e da pesquisa realizados pelo setor curricular e, notadamente, por meio do projeto "Meios de Comunicação Audiovisuais", buscamos propiciar aos estudantes da escola e aos licenciandos experiências formadoras que possibilitem a expressão através da imagem fixa e em movimento, a partir da investigação da fotografia, do cinema, do cinema de animação e suas linguagens próprias. O trabalho desenvolvido valoriza a pesquisa e a experimentação de técnicas e materiais para a produção de manifestações expressivas, seja no campo da fotografia, cinema ou animação, e promove a reflexão sobre a utilização das novas tecnologias e das imagens produzidas pelos meios de comunicação de massa. Como é possível depreender, o engajamento dos licenciandos nas atividades do setor e no projeto são marcantes na formação pedagógica, em especial no que diz respeito a cultura "audiovisual" e o ensino de arte.

Consideramos que, frente ao apassivamento diante da produção da indústria cultural monopolista, a escola não pode descurar da formação de sujeitos críticos por meio do conhecimento das linguagens, das formas de leitura e de apropriação dos meios de comunicação audiovisuais. Nesse sentido, consideramos que a discussão acerca dos meios de comunicação audiovisuais deve ser estendida não somente aos licenciandos mas a todo o corpo docente da escola, de forma que a cultura "audiovisual" possa vir a ser trabalhada nas diferentes disciplinas criticamente, para além da utilização de mídias como suporte e de filmes como mera ilustração de conteúdos. Trata-se, portanto, de transformar na escola a relação dos estudantes e licenciandos com a cultura "audiovisual" numa experiência crítica, de fruição e produção artística e de formação estética audiovisual.

Apresentando contribuições importantes na pesquisa sobre cinema e educação e, assim, somando esforços aos projetos desenvolvidos no CAp, desde 2007 se realiza no CAp UFRJ o projeto "Cinema para Aprender e Desaprender — Cinead". O projeto, vinculado à Faculdade de Educação sob a coordenação da profa. Adriana Fresquet, "pesquisa as possibilidades de aprender com o cinema junto de professores e alunos", o "fazer cinema em contexto escolar" e fundou a Escola de Cinema do Colégio de Aplicação da UFRJ em 2008. Concentrados na reflexão e produção do cinema como arte com as crianças e jovens, o Cinead e a Escola de Cinema do CAp têm fortes pontos de contato com o trabalho que o projeto "Meios de Comunicação Audiovisuais" vem desenvolvendo e certamente ampliará os horizontes no debate necessário sobre cinema, mídia, arte, educação e cultura na formação de nossas crianças e jovens e na formação docente.

As iniciativas de manifestações artísticas, mediadas tecnologicamente aos diversos segmentos da escola, em especial aos estudantes e licenciandos de artes visuais, proporcionam ferramentas teórico-práticas que possibilitam a leitura crítica dos meios de comunicação visual, das diferentes mídias, principalmente como esses meios — e a reformulação incessante dos mesmos — incidem sobre a conformação da sociedade e a forma de pensá-la e concebê-la. Compreendemos que esse campo é de enorme importância para que a escola pública cumpra sua função social de assegurar às crianças e aos jovens conhecimentos que possibilitem pensar tanto as contradições ensejadas pela indústria cultural como as formas criativas, emancipatórias e libertárias que as mídias podem materializar quando envolvidas em processos críticos e criativos de resistência cultural pelos povos.

Referências bibliográficas

BARBOSA, Ana Mae. *Inquietações e mudanças no ensino da arte*. São Paulo: Cortez, 2002.

_____. *Porque e como*: arte na Educação. [s/d]. Disponível em: <www.freetechebooks.com/download/ana-mae-barbosa-download-5.html>. Acesso em: 25 set. 2011.

BARRETO, Raquel Goulart. *Formação de professores, tecnologias e linguagens*. São Paulo: Loyola, 2002.

CALVINO, Ítalo. Leveza. In: _____. *Seis propostas para o próximo milênio*. São Paulo: Companhia das Letras, 1990.

FAVARETTO, Celso. Prefácio. In: SETTON, Maria da Graça Jacintho (org.). *A cultura da mídia na escola*: ensaios sobre cinema e educação. São Paulo: Annablume/USP, 2004.

HAUSER, Arnold. *História social da arte e da literatura*. Trad. Álvaro Cabral. São Paulo: Martins Fontes, 2003.

HERNÁNDEZ, Fernando. *Cultura visual, mudança educativa e projeto de trabalho*. Trad. Jussara Haubert Rodrigues. Porto Alegre: Artes Médicas Sul, 2000.

_____. Da alfabetização visual ao alfabetismo da cultura visual. In: MARTINS, Raimundo; TOURINHO, Irene (orgs.). *Educação na cultura visual*: narrativas de ensino e pesquisa. Santa Maria: EdUFSM, 2009.

MACHADO, Arlindo. *Arte e mídia*. 2. ed. Rio de Janeiro: Jorge Zahar, 2008.

MIRANDA DA SILVA, M.C.; BRITTO, F.C.V. da S. Arte e cultura audiovisual: a experiência do Setor de Artes Visuais do CAp UFRJ no ensino do cinema de animação. *Perspectiva Capiana*: revista de pesquisa, ensino e extensão do CAp UFRJ, Rio de Janeiro, ago. 2010.

SCHENBERG, Mário. Arte e tecnologia. In: COHN, Sérgio (org.). *Ensaios fundamentais*: artes plásticas. Rio de Janeiro: Beco do Azougue, 2010.

TARDIF, Maurice. Os professores enquanto sujeitos do conhecimento: subjetividade, prática e saberes no magistério. In:

CANDAU, Vera Maria (org.). *Didática, currículo e saberes escolares*. Rio de Janeiro: DP&A, 2000.

UNIVERSIDADE FEDERAL DO RIO DE JANEIRO. Colégio de Aplicação. Setor Curricular de Artes Visuais. *Programa de Artes Visuais*. Rio de Janeiro, 2000.

Quem são os outros que agora fazem história no centro de excelência?
Reflexões e desafios para a formação docente

Adriana Barbosa Soares
Sandra Amaral Barros Ferreira

> *Sempre, e sempre de modo diferente, a ponte acompanha os caminhos morosos ou apressados dos homens para lá e para cá, de modo que eles possam alcançar outras margens... A ponte reúne enquanto passagem que atravessa* [Heidegger].

Este texto levanta algumas reflexões importantes para os que pretendem trabalhar na escola. Ao iniciá-lo, pensamos em nossos desafios cotidianos, já que não se reduzem a determinado espaço de ensino, mas à cultura escolar, ou seja, algo familiar a toda escola e a todos que, um dia, passaram por ela. Nesse sentido, sem desconsiderar o trabalho bem-sucedido nem as parcerias que nos servem de esteio, procuramos direcionar nosso olhar para alguns desafios e dificuldades que nos fazem pensar. Esse caminho, o da reflexão, vem sendo trilhado por todas nós do Setor de Orientação Educacional, junto às/aos nossas/os estagiárias/os, bolsistas, alunas/os e demais envolvidos na rede de ensino, pesquisa e extensão. As indagações nos permitem vencer o determinismo teórico e a naturalização das práticas, favorecendo o constante diálogo com nosso cotidiano.

Este trabalho elucida as origens do modo de pensar moderno e sua influência na cultura escolar. Problematiza as relações estabelecidas com aqueles que chegam ao espaço escolar e não se sentem identificados com o conhecimento ali produzido e nem com as práticas ali realizadas. Pensa na posição dos sujeitos que transitam na fronteira da cultura como a descrição de Heidegger na epígrafe, como quem caminha sobre uma ponte para *alcançar outras margens,* ou seja, *a ponte reúne enquanto passagem que atravessa.* Esses caminhantes, considerados estranhos, encontram-se numa luta diária pela sua alteridade.

Dessa forma, o nosso compromisso com a formação de professores/as e com a pesquisa em educação impõe desafios éticos e políticos ao trabalho com a educação básica. Na condição de docentes do CAp UFRJ, consideramos relevante o compromisso, consolidado ao longo de anos, *com a formação de cidadãos críticos, capazes de assumir seu papel na sociedade em que estão inseridos.* Mas, o que significa esse compromisso hoje? Como potencializar aqueles que chegam hoje ao CAp, oriundos das classes populares, a assumirem a palavra e seu papel na sociedade sem negar suas origens? Como potencializá-los para serem críticos?

Nossa aposta está no trabalho com as diferenças culturais e com as relações de fronteira (especialmente, da cultura).

Para Bhabha (2007:21) "os embates de fronteira acerca da diferença cultural têm tanta possibilidade de serem consensuais quanto conflituosos". Esses embates nem sempre são explícitos. A escola pública é uma dessas fronteiras em que a diferença cultural se apresenta de várias formas. O autor salienta que "a diferença cultural é um processo de significação, por meio do qual, afirmações da cultura ou sobre a cultura diferenciam, discriminam e autorizam a produção de campos de força, referência, aplicabilidade e capacidade" (Bhabha, 2007:63, grifo do autor).

Na fronteira escolar, há uma cultura que predomina, se afirma, discrimina, diz quem é capaz e institui modos de pensar, agir, ser e estar. Falamos da cultura escolar, a qual já se apresenta de modo preponderante em relação às demais.

Na fronteira escolar, os diferentes são considerados estranhos. A propósito disso, Moreira (2005:41) nos convida a pensar:

> O estranho que invade a sala de aula teima em nos provocar: lidar com ele continua quase um mistério insondável. [...]. Enquanto os desafios se acumulam, a escola, a despeito de tudo, ainda se destaca como espaço insubstituível e indispensável para nutrir nossos estranhos de alimentos intelectuais e culturais que permitam sustentá-los nas lutas pelos direitos que historicamente lhes vêm sendo negados. Daí a importância de se continuar a ponderar sobre os apuros e as incertezas (inevitáveis) que perseguem os professores que procuram conhecer os estranhos, aprender com os estranhos e aprender a ensinar aos estranhos.

Assim, enquanto docentes, vivemos cotidianamente apuros e incertezas de quem possivelmente se estranha ao conhecer os estranhos que chegam à escola. É desse movimento de encontros, estranhamentos e descobertas que falaremos neste capítulo.

Para introduzir a reflexão, cabem algumas perguntas. Quem são os estranhos? Por que são considerados estranhos? Quais são os estranhamentos?

Na tentativa de responder a essas questões sem sermos reducionistas, mesmo correndo todos os riscos, começaremos a discussão a partir da segunda pergunta. Apontaremos algumas explicações sobre a construção do pensamento hegemônico que nos constituiu como sujeitos e desenhou a escola que conhecemos. Em seguida, apresentaremos o panorama de mudanças no sistema de ingresso ao nosso colégio (CAp UFRJ), possibilitando a democratização do acesso a nossa instituição. Depois, faremos uma breve reflexão sobre os motivos desses estranhamentos no espaço escolar e suas consequências.

Por que os que chegam são considerados estranhos?

Inicialmente, cabe esclarecer que o mundo foi construído a partir das relações de poder e colonialidade. Essas relações foram sendo engendradas principalmente com a consolidação do padrão de poder capitalista. A partir desse posicionamento, citamos alguns autores que nos ajudam a compreender as consequências dessas relações para a educação.

Para Quijano (2010), "desde o século XVII, nos principais centros hegemônicos desse padrão de poder" (por exemplo: Holanda com Descartes e Spinoza, e Inglaterra com Locke e Newton) foi sendo "elaborado e formalizado um modo de produzir conhecimento que dava conta das necessidades cognitivas do capitalismo". Para o autor, "esse modo de conhecimento eurocêntrico, denominado racional, foi imposto e admitido no conjunto do mundo capitalista como a única racionalidade válida e como emblema da modernidade" (Quijano, 2010:85-86).

Kumar (2006:213) pensa sobre o argumento de que, como questão de fato empírico, a modernidade — vista como uma manifestação da racionalidade do Iluminismo — é o que a maior parte do mundo parece querer, com exclusão de outros modos de pensar e agir. O autor explica, ainda, que o racionalismo iluminista seria produto de uma cultura particular, em época específica: a civilização ocidental do século XVIII, tendo em vista seu sucesso em conferir enorme poder econômico e político aos que a adotaram, acabou se tornando o modo preferido de pensar da maioria das pessoas educadas do mundo. Nesse sentido, esse "fundamentalismo racionalista", embora nascido de uma única cultura, está sendo adaptado por todas elas, com enorme rapidez e ânsia, subvertendo muitas delas e transformando totalmente o ambiente em que vive o homem (Gellner, 1992:78, apud Kumar, 2006:214).

Mas Santos (2007:23) destaca que a compreensão do mundo é muito mais ampla que a ocidental. Ressalta que os colegas da África do Sul, da Índia e de Moçambique têm maneiras de ver a sociologia, a sociedade e o mundo muito distintas das que existem no Norte (ou seja, no hemisfério norte). Assim, Santos (2007:23-24) questiona que tanta experiência social fique desperdiçada, porque ocorre em lugares remotos. Experiências essas que, por serem locais, não muito conhecidas, são hostilizadas pelos meios de comunicação social, e por isso têm permanecido invisíveis, "desacreditadas".

Anne-Marie Chartier (2005), baseada nos estudos de Fernando de Azevedo(1964), explica que, ao longo de sua existência, a escola teceu suas representações durante longo período. Inicialmente, objetivava a educação dos filhos de nobres, depois ampliou a abrangência para fazer frente ao protestantismo. Buscava (e ainda o faz) a formação de uma civilização alicerçada em valores, crenças e ideais eurocêntricos, ocidentais, brancos e patriarcais, que foram cuidadosamente construídos para serem por ela disseminados como únicos e verdadeiros. O acúmulo desses conhecimentos relacionados a língua, literatura, ciência, obras de arte e de pensamento passam a formatar a identidade nacional (Azevedo, 1964, apud Chartier, 2005:10). Essa formação tenta universalizar e linearizar o modo de pensar social.

Nesse contexto, a escola, desde a sua criação, contribuiu (e ainda contribui) não só para instituir os conhecimentos e a cultura dados como universais, mas também para a formação dos sujeitos sob a racionalidade hegemônica do Norte.

Mesmo com a pretensa democratização da escola, inicialmente, as instituições de ensino públicas foram frequentadas por alunos de uma classe cujo conteúdo escolar não diferia do capital cultural em que estavam inseridos, apresentando, desse modo, um número menor de fracassos escolares.

Com a chegada da classe popular à escola, a educação escolar postula um modo de ensinar, aprender, estudar e se comportar que separa em grupos opostos e hierarquicamente desiguais: letrados/iletrados; bem-educados/mal-educados; alfabetizados/analfabetos; cultos/incultos; elite/povo etc. Assim, muitos alunos e alunas tornam-se estranhos à escola e essa, por sua vez, continua a invisibilizá-los para manter seu protagonismo. Nesse embate, muitos desses sujeitos aprendem que, para sobreviver, é necessário negar suas origens e seus saberes em favor do conhecimento hegemônico.

Os/as professores/as agora são outros, muitos também são considerados estranhos à cultura escolar. Nem todos são oriundos das classes mais favorecidas.

Além disso, para Chartier (2005:14). a partir dos anos 1960, as práticas sociais modificaram-se consideravelmente em virtude das *múltiplas "escolas paralelas" que, melhor que os professores, impõem suas normas e seus valores,* tais como: o cinema, o rádio, a televisão e a imprensa (grifo da autora). A força dessas transformações desequilibrou o protagonismo da escola. Sobre esse tema, Chartier (2005:17) chama atenção para a crise instaurada pós-1968, para a qual se buscam saídas alternativas à cultura burguesa e à cultura de massa, na tentativa de *fundar uma pedagogia mais "democrática"* (grifo da autora). Desse modo, procura-se eliminar determinado entendimento que "cessa de confinar a cultura a uma classe privilegiada de objetos (os livros, as obras de arte) cuja aproximação faria com que os filhos dos homens saíssem da selvageria para a humanidade civilizada" (Chartier, 2005:18). O termo cultura passa a ser definido pelos antropólogos como:

> O conjunto de ações e de produtos por meio dos quais um grupo atribui sentido e valor a suas práticas sociais, das mais ordinárias às mais excepcionais, e caracteriza sua identidade de modo específico. Assim, todos os homens comem por necessidade biológica e cada indivíduo tem gostos e nojos pessoais; mas cada grupo humano impõe a si próprio proibições alimentares, rituais de refeições, modos de acomodar "o cru e o cozido", para retomar o título de Lévi-Strauss. As sociedades humanas não param assim de cultivar a natureza, de transformar o alimento em cozinha, a reprodução em família, a morte em sepultura, o tempo que passa em calendário e as relações de força em guerra ou em política. Suas experiências da vida e sobrevivência tornam-se relatos memoriais: poesia, legendas, mitos, religião, história (Chartier, 2005:18).

Considerando a cultura nesses termos, a diversidade cultural desequilibra a crença e a prática escolares. As salas de aula viram a arena de embates postos pelas diferenças. Criam-se configurações de lugares, de falas autorizadas e negadas, de silêncios, de não aprendizagens e de exclusões. Nessa arena, há uma *autoridade cultural*, ou seja, aquela considerada como *verdade referencial*, que entra em choque com a diversidade cultural e suas múltiplas formas de manifestação. Segundo Bhabha (2007:64):

> O processo enunciativo introduz uma quebra no presente performativo da identificação cultural, uma quebra entre a

exigência culturalista tradicional de um modelo, uma tradição, uma comunidade, um sistema estável de referência, e a negação necessária da certeza na articulação de novas exigências, significados e estratégias culturais no presente político como prática de dominação ou resistência.

Nesses termos, para o autor, o modo como a diferença cultural se apresenta, se enuncia, "problematiza a divisão binária entre passado e presente, tradição e modernidade", tanto no que se refere *à representação cultural* quanto à *interpelação legítima* (Bhabha, 2007:64). Bhabha salienta ainda que:

> Trata-se do problema de como, ao significar o presente, algo vem a ser repetido, recolocado e traduzido em nome da tradição, sob a aparência de um passado que não é necessariamente um signo fiel da memória histórica, mas uma estratégia de representação da autoridade em termos do artifício do arcaico. Essa iteração nega nossa percepção dos efeitos homogeneizadores dos símbolos e ícones culturais, ao questionar nossa percepção da autoridade da síntese cultural em geral.

Isso talvez explique porque a escola, de maneira geral, mostra-se tão conservadora e refratária às mudanças. Outras questões nos fazem pensar: Qual cultura tornou-se uma verdade referencial para a escola? Qual cultura a escola pretende reproduzir? Como os movimentos de resistência se manifestam? Até que ponto as *táticas*, no sentido explicitado por Certeau, interferem ou não interferem nos movimentos de resistência? Como fazer para nos aproximar da *zona de instabilidade oculta*, como diz Fanon (Fanon, apud Bhabha, 2007:64) para entender, enquanto intelectuais que somos, os *movimentos flutuantes* que estão sendo moldados?

As perguntas que nos fazemos também nos indicam que a cultura não é um bloco homogêneo, ou melhor, "nenhuma cultura é jamais unitária em si mesma, nem simplesmente dualista na relação do Eu com o Outro" (Bhabha, 2007:65). Nessa perspectiva, por que é tão difícil aceitar a diversidade existente na mesma localidade? Por que são considerados diferentes os sujeitos que fazem parte da mesma cultura nacional?

A convivência entre diferentes tende a ser uma questão para as relações de fronteira, cuja possibilidade de negociação de sentido passa também pela tradução. Então, nosso olhar como docentes e orientadoras educacionais tende a focalizar esse espaço na tentativa de inventar outra escola.

Depois dessa reflexão introdutória acerca da constituição de um modo de pensar dominante no ocidente e determinante nas instituições escolares, cabe indagar, enquanto docentes de um colégio de aplicação, sobre esse mecanismo de reprodução de desigualdade.

Até aqui consideramos o termo escola para caracterizar um lugar, um sentido e uma cultura constituídos a partir de uma dada racionalidade. A partir de agora, nos deteremos num espaço determinado, no qual atuamos como orientadoras, procurando dialogar com essa ideia que ainda se mostra forte e penetrante.

Os centros de excelência, ou melhor, as escolas federais, os institutos e os colégios de aplicação, reconhecidos pelo ensino público de qualidade e pela formação de professores, têm agora novos desafios: questionar a si mesmos em relação ao ensino, ao conhecimento e ao propósito da escola na contemporaneidade. Pensar se a epistemologia que orienta as teorias e as práticas de ensino poderá tornar possível a escola para todos. Para enfrentarmos tal desafio, temos que nos confrontar com os outros que consideramos estranhos e com os estranhos que nos habitam.

O estrangeiro e a hospitalidade

Como é comum na cultura ocidental, não se dá hospitalidade a um(a) desconhecido(a) sem que ele(a) diga antes a que veio. Como afirma Derrida (2003:23), "não se oferece hospitalidade ao que chega anônimo e a qualquer um que não tenha nome próprio, nem patronímico, nem estatuto social", ou melhor, alguém sem apresentar suas credenciais, que logo seria dado como um invasor.

Se a *hospitalidade* implica *interrogar quem chega*, ela se faz, primeiramente, pela questão *endereçada* ao estranho: *como te chamas?* Assim, não parece que *a hospitalidade* se torna, "se dá ao outro antes que ele se identifique, antes mesmo que ele seja sujeito, sujeito de direito e sujeito nominável" (Derrida, 2003:25). Por isso, a hospitalidade é algo que se oferece aos poucos.

Essa hospitalidade não é incondicional também para as crianças e, por conseguinte, suas famílias. Geralmente, as instituições escolares, como todas as outras, possuem condições de inscrição, seleção e classificação de alunos, bem como procedimentos relativos à matrícula. As crianças não dispõem de vaga sem estarem dentro das condições elencadas pela escola para a matrícula. O mesmo ocorre com os professores. Assim, os sujeitos são submetidos, constantemente, a critérios de aceitabilidade.

Sob essa perspectiva, tornam-se evidentes também outras relações para além daquelas que se dão pessoalmente no aqui e agora do nosso cotidiano. Falamos daquelas construídas e estabelecidas a partir de uma posição ou uma função desempenhada na vida social por quem pode autorizar ou rejeitar, dependendo das circunstâncias, a hospitalidade a alguém. Isso evidencia o quanto nós todos estamos subordinados ao mundo da representação.

A representação da excelência

Em 1948 foi criado o Colégio de Aplicação vinculado à Faculdade Nacional de Filosofia da Universidade do Brasil (CAp UFRJ) e tinha como propósito *aperfeiçoar a formação dos professores secundários*, segundo o estudo de Alzira Alves de Abreu,[1] ex-licencianda do CAp e autora do livro *Intelectuais e guerreiros* (que conta a história inicial do colégio). A autora afirma que, desde então, o colégio *adquiriu prestígio e tornou-se conhecido como um dos melhores* do Rio de Janeiro (Abreu, 1992). Nessa época o CAp era frequentado por uma elite intelectual, ou seja, onde *se reuniu um corpo de alunos homogêneo do ponto de vista cultural e social* (Abreu, 1992:9). A professora Alzira conta ainda que os alunos "eram jovens selecionados por meio de exames rigorosos, cujas famílias, em geral provenientes das camadas médias da zona sul do Rio de Janeiro, viam na educação um valor e um capital social" (Abreu, 1992:9).

A autora salienta que a história do CAp *faz pensar sobre a crise da escola e do ensino*. Para ela:

> As gerações de alunos que frequentaram o Colégio de Aplicação entre 1948 e 1968 viveram numa conjuntura em que a escola pública ainda era sinônimo de qualidade. Naquela época, muitas famílias de classe média que tinham recursos para enviar seus filhos a escolas particulares confiavam mais no ensino público. As escolas privadas, leigas ou religiosas, tinham sua

---

[1] Professora, ex-licencianda de História do CAp UFRJ, Alzira Alves de Abreu escreveu o livro *Intelectuais e guerreiros: o Colégio de Aplicação da UFRJ de 1948 a 1968*. Rio de Janeiro: Editora da UFRJ, 1992, como resultado do seu estudo histórico-sociológico sobre o colégio com o intuito de entender como se formou dentro dela uma elite intelectual e uma geração de guerrilheiros.

clientela entre famílias tradicionais ou de alta renda, interessadas em preservar sua identidade social (Abreu, 1992:9-10).

Abreu ressalta que, após 1971, com a reforma de ensino, foi iniciado um processo de degradação do ensino público no Brasil, resultando na migração dos jovens de classe média para a escola particular e o abandono da escola pública a uma clientela sem alternativa e sem voz para reivindicar melhorias (1992:10). Entretanto, não foi o que aconteceu no CAp UFRJ. Por muito tempo, os alunos ingressavam no colégio por meio de concurso.

O concurso selecionava um grupo de determinados alunos/as e impossibilitava o acesso de outros/as. A relação candidato-vaga tornava o ingresso no CAp competitivo, extremamente seletivo e elitista. Os aprovados constituíam um grupo muito homogêneo, detentor de capital cultural que lhes garantia, quase totalmente, a permanência na instituição até o vestibular.

Em 1999, o coletivo do colégio, em plenária pedagógica, decidiu pelo sorteio como forma de ingresso, encerrando de forma definitiva o concurso da forma como era organizado, e inaugurou a Classe de Alfabetização em 2000. Essa decisão nos trouxe e ainda nos traz muitos desafios, especialmente a grande heterogeneidade das turmas, ou seja, a diferença.

Considerando a explicação anterior, necessária para compreender a especificidade da escola considerada como centro de excelência e o peso de sua representação para os que chegam, voltamos a falar do estranho nesse espaço tão referendado.

Quem são os estranhos?

Para aprofundar e melhor perceber a situação de quem é estranho (estrangeiro), buscamos aprofundar a reflexão sobre o significado dessa palavra. Para Souza e Gallo (2002:50-51), "estranho é, antes de tudo, algo que se tornou unheimlich (estranho) por ter sido antes familiar (heimlich)".

A ambivalência desse termo põe em questão dois movimentos importantes na experiência de quem chega ao colégio para aprender, trabalhar, pesquisar e, até mesmo, estagiar.

O primeiro movimento: o de chegar a um lugar desconhecido, mas cheio de marcas já conhecidas, familiares. Aquele que chega numa condição de professor/a, por exemplo, já esteve na escola como aluno/a e em toda a sua formação como docente teve que se apropriar da regulação, do conhecimento único, das sistematizações na dimensão epistemológica da escola moderna. O sujeito docente reconhece, identifica e naturaliza práticas, falas, imagens, procedimentos e gestos próprios da escola. O mesmo ocorre com estagiários e até com pesquisadores. Para quem chega numa condição de aluno/a isso também acontece, pois a cultura escolar o antecede. Quando ele vem para o mundo escolar, traz o que lhe foi passado pela família ou pelo meio. Traz os motivos que o impulsionaram a escolher esta ou aquela instituição. Vem com o peso das expectativas.

O segundo movimento: o de estranhar o familiar. Defrontar-se com aquela realidade, mas surpreendentemente de forma diversa e estranha. Encontrar objetos, situações, palavras e o outro, como se não fossem também pertencentes a si. Ser estrangeiro/a nos obriga a encontrar o próprio estranho dentro do familiar, a deparar com aquilo que procuramos esconder, negar ou alienar dentro de nós mesmos, nos permitindo ver o que antes ainda não víamos. E, do mesmo modo, perceber que isso também ocorre com os outros em relação a nós.

Assim, ao encontrar nosso "estranho", nos confrontamos com o que está alienado em nós. E é nesse confronto com as escolas que passamos em nossa experiência de alunas, estagiárias, professoras e pesquisadoras que também experimentamos o sentimento ambivalente de quem aprendeu a acreditar na escola para conseguir passar por ela; de quem aprendeu a buscar as certezas da "razão proléptica"[2] para tornar-se professora e, após uma reflexão crítica e mais aprofundada, ainda percebe que a representação de escola, construída ao longo do tempo, em nossa formação, não se sustenta como verdade absoluta. O que queremos dizer é que a escola não deixou de ser importante em nossas vidas e na de tantos outros sujeitos que obtiveram ascensão social a partir da formação escolar. A escola, pelo menos em nossa cultura, continua sendo o meio, ainda que não seja o único, para os sujeitos que não pertencem às elites ascenderem socialmente. Entretanto, o que desejamos sublinhar é que a questão da diferença não foi encarada com a devida atenção pela escola. Muitas vezes, resta aos sujeitos se modificarem, negarem sua cultura, viverem a situação "agonística" da fronteira, nesse "entre-lugar" em que nem são o que a escola prometeu e nem são mais o que eram antes da escolarização.

Nesses termos, vemos a escola como espaço de experiência dessa fronteira tanto para as crianças e jovens como para os/as professores/as. Um espaço rico para a reflexão acerca desse "entre-lugar" em que muitos deles se situam e que teimam em nos fazer ver, especialmente nas pequenas situações que todos vivemos como docentes no cotidiano.

---

[2] Esse termo foi tomado da literatura por Boaventura de Sousa Santos, para explicar a razão que conhece no presente a história futura. A prolepse é uma figura literária, encontrada em romances, nos casos em que o narrador mostra saber antecipadamente como vão se desenrolar os acontecimentos, demonstra conhecer o final, mas não o conta.

Pode o professor ser um estranho na cultura escolar?

A escola tem recebido muitos estranhos. O espaço escolar está marcado por um público que durante muito tempo esteve à margem do processo educacional escolar. Aqui não me refiro apenas aos centros de excelência, mas à escola em geral. E, dentro desse universo de estranhos, há docentes. Esses, muitas vezes, são os primeiros representantes de suas famílias a conseguirem se escolarizar e completar os estudos até tornarem-se professores. Pertencem, muitas vezes, à primeira geração que frequentou a escola, posicionados socialmente de acordo com seu grau de escolaridade.

Para além de discutir as tensões sociais que constituem essas posições e, consequentemente, marcar esses lugares, torna-se necessário compreender a existência de fronteiras. Nesse sentido, é preciso estabelecer também diálogos, negociações de sentido, traduções com e entre esses sujeitos, respeitando seus limites e suas possibilidades. Faz-se necessário, acima de tudo, reconhecer que esse profissional também se constituiu nesse "entre-lugar".

Sendo assim, focalizamos nessa discussão também esse/a professor/a que se apresenta como docente e convive cotidianamente com o desafio de ensinar a essas crianças e jovens. Estando em diferentes momentos na berlinda, recaem sobre ele/a críticas, culpabilizações e grandes responsabilidades. Afinal, quem são esses docentes? O que carregam em si sobre essa carreira de ensinar?

Admitindo os limites deste texto e a ampla discussão na qual estamos inseridas, avaliando os riscos e desafios desse movimento, também se apresentam para essa discussão as constituições/elaborações que cada professor/a realiza a partir das suas experiências e práticas escolares. Nesse momento, colocamos o foco nos professores/as enquanto responsáveis pela formação de sujeitos, mas que também convivem com o desafio de formarem-se em serviço.

Considerá-los como "estranhos" que habitam os tantos cotidianos escolares implica reconhecer que são sujeitos que chegam às instituições e precisam logo tornar-se parte daquele lugar. Quais são as estratégias e recursos que esses profissionais elaboram, para que, em pouco tempo, possam não somente marcar as intenções e propostas da instituição, como responder pelos processos de ensino e de aprendizagem daquelas crianças e jovens com a qualidade e a competência que lhes são exigidas?

Ao desvelar as nuances que constituem esse universo, nos mobilizamos a pensar sobre os desafios com os quais esses profissionais convivem em seus contextos escolares e, simultaneamente, criar espaços de interlocuções onde seja possível marcar alguns desses desafios.

Prado e Soligo (2007:32) nos apresentam na passagem a seguir a importância desse ato de compartilhar:

> A perspectiva é de explicitar alguns conceitos e algumas proposições que possam convencer os educadores de que aquilo que fazem oralmente, de forma automática, a todo instante, pode ser o mote de textos escritos da maior importância. Ou seja, convencê-los de que podem converter as conversas cotidianas — sobre o que pensam e sentem em relação ao que vivem, aprendem e fazem — em conteúdos de um tipo de texto privilegiado para essa finalidade: o memorial de formação.

O ato de compartilhar essas conversas informais, lamentos, angústias e questionamentos ganha qualificação quando são partilhados de forma intencional, provocando reflexões, articulações, críticas, tornando-os saberes constituídos na prática docente. Essas narrativas qualificam essas práticas e também criam espaços de constituição de novos saberes. Compartilhar as experiências que cada professor/a constrói em suas práticas cotidianas com os jovens e as crianças favorece a compreensão de novos sentidos e significados sobre o ensinar e o aprender de cada aluno/a que faz parte daquele grupo.

Revelar essas narrativas implica reconhecer as escolhas feitas pelo autor, a sequência apresentada, os diferentes sentidos e os diversos significados que suscitarão nos interlocutores. Ao tomar as narrativas sobre as experiências docentes como um caminho possível para a constituição de novos conhecimentos, se manifesta a importância das subjetividades que cada professor/a constitui ao longo de seu percurso profissional.

Sendo assim, faz-se necessário reconhecer não somente a importância das narrativas/dos relatos como a construção de conhecimentos e saberes docentes. Trata-se de uma estratégia metodológica possível e importante no trabalho com a formação continuada de docentes.

Nessa perspectiva, acreditamos encontrar um caminho para a reflexão sobre os estranhamentos e a valorização dos diferentes saberes, rompendo com a ideia do conhecimento único, universal e verdadeiro.

Quais são os estranhamentos?

Depois dessa digressão, voltamos a tratar das mudanças ocorridas no centro de excelência — o CAp UFRJ.

Nosso colégio passou a ser um espaço compartilhado entre os/as alunos/as oriundos do concurso por meio de prova e aqueles advindos de sorteio simplesmente. Nessa convivência, apareceu o primeiro estranhamento — a tradição precisou ser reafirmada.

Todos que chegam acabam se apropriando do discurso dos mais antigos. A história da instituição é contada, assim como os acontecimentos marcantes e a cultura do CAp. Nesse sentido, os novos acabam tendo que manter a tradição, fazendo com que a herança acumulada seja praticada pelas diferentes gerações de alunos e professores. Entretanto, há os que não suportam o peso dessa tradição, nem se sentem orgulhosos por fazerem parte do colégio e, ainda, há os que não reconhecem toda essa importância e prestígio atribuídos socialmente ao CAp.

O segundo estranhamento — a diferença. Esse estranhamento se dá quando aquele/a que chega não se abala com sua diferença, não deixa transparecer sua desigualdade e entra o tempo todo em confronto na busca de um lugar para si. Mesmo que não seja possível ser aceito/a como um/a "intelectual" (mostrando dominar os conhecimentos) ou um/a "guerreiro/a" (sobressaindo nas atividades políticas de representação estudantil, por exemplo), procura destaque em atividades físicas, jogando futebol ou fazendo uso da sua capacidade de envolvimento social. Tenta de alguma forma pertencer ao CAp.

Mas há os que chegam e não querem ser diferentes. Desse modo, procuram negar sua diferença ou disfarçá-la. Buscam a mímica, ficar o mais parecido possível com esse ser dominante. Precisa ser, todo momento, outro que não é. Para aprofundar a reflexão a esse respeito, cito Bhabha (2007:130):

> A mímica colonial é o desejo de um Outro reformado, reconhecível, *como sujeito de uma diferença que é quase a mesma, mas não exatamente*. O que vale dizer que o discurso da mímica é construído em torno de uma *ambivalência*; para ser eficaz, a mímica deve produzir continuamente seu deslizamento, seu excesso, sua diferença. A autoridade daquele modo de

discurso colonial que denominei mímica é marcada por uma determinação: a mímica emerge como representação de uma diferença que é ela mesma um processo de recusa. A mímica é, assim, o signo de uma articulação dupla, uma estratégia complexa de reforma, regulação e disciplina que se "apropria" do Outro ao visualizar o poder (grifo do autor).

Bhabha considera a mímica como parte do discurso colonial, fruto da relação de colonialidade. Assim, vale retomar o que foi dito anteriormente sobre a constituição do sujeito moderno. A racionalidade que o produziu também criou a necessidade de fazê-lo camuflar sua diferença em relação ao colonizador, o poderoso, o mais forte, enfim, ao pensamento hegemônico.

O estereótipo é o terceiro estranhamento. Nesse caso, quem chega ganha uma denominação, um apelido, um tipo de tratamento que o discrimina. Bhabha (2007:110) considera o estereótipo "um tipo de representação complexo, ambivalente e contraditório" (p. 110). Para o autor, "não é uma simplificação porque é uma falsa representação de uma dada realidade" e, também "é uma simplificação porque é uma forma presa, fixa", que nega o jogo da diferença e cria problemas "para a representação do sujeito em significações psíquicas e sociais" (Bhabha, 2007:117). Esse estranhamento faz com que apareçam os prejulgamentos e as avaliações deterministas como: "esse é um caso clássico de dificuldade de aprendizagem", "ele não tem repertório", "esse tem dificuldade cognitiva" etc. Os sujeitos são classificados e avaliados, sem que seja considerada a sua história, suas alteridades, enfim, seu modo de ser.

Toda essa reflexão nos leva a concordar com a afirmação de Bhabha de que os embates de fronteira acerca da diferença cultural têm tanta possibilidade de serem consensuais como conflituosos e, na maioria das vezes, parece que são conflituosos. Nesse sentido, enquanto formadoras de professores/as, estamos implicadas com o trabalho de fronteira, de negociação e de tradução. Um caminho possível parece ser pensar no ponto de vista do outro, considerar o que ele pode ver e nós não podemos, buscar entender que aquilo que o outro diz pode não ter um significado no nosso quadro de referência, mas pode ter um sentido no mundo do outro.

No desenrolar da relação construída entre quem chega e quem já se encontra ali, nos são possíveis os *excedentes de visão*, isto é, do lugar que cada um de nós ocupa em relação ao outro, podemos ver e conhecer de modo único, um sobre o outro, o que só é possível ser visto e conhecido por quem se encontra fora. Segundo Bakhtin (1992:43):

> Por mais perto de mim que possa estar esse outro, sempre verei e saberei algo que ele próprio, na posição que ocupa, e que o situa fora de mim e à minha frente, não pode ver: [...], o mundo ao qual ele dá as costas, toda uma série de objetos e de relações que, em função da respectiva relação em que podemos situar-nos, são acessíveis a mim e inacessíveis a ele.

Esses excedentes de visão nem sempre podem ser narrados. Torna-se necessário que se criem condições (para que os enunciados possam ser realizados estabelecendo, então, um espaço de interlocução entre sujeitos) para a enunciação. Desse modo, nos cabe refletir sobre a nossa palavra e a palavra do outro. As circunstâncias em que acontece, o modo como nos apropriamos do discurso alheio e a forma como o traduzimos.

Não por acaso, Zaccur (2003:184) nos faz lembrar que *linguagem e relação de poder se imbricam*. Para a autora, "há tensão nos acontecimentos, nos encontros e desencontros, nas interações entre sujeitos encarnados e nas iterâncias que aí ressoam".

Assim, o que fazemos com o que nos é revelado pelos sujeitos? Quais as implicações que podem ter para o próprio sujeito, tornar conhecido de todos o que faz parte da intimidade da instituição e/ou das relações entre os sujeitos ali constituídas? Até que ponto as questões ideológicas e políticas, as relações de poder, os posicionamentos em relação ao trabalho de cada um, os excedentes de visão, ou seja, toda essa complexidade do cotidiano pode ser tratada pelo estrangeiro?

A partir desses questionamentos, para os quais ainda buscamos respostas, problematizamos a nossa responsabilidade enquanto formadores de professores e pesquisadores frente à alteridade do sujeito.

Ao procurar preservar a alteridade do sujeito a partir dos discursos produzidos com ele e sobre ele, num espaço-tempo que não é mais aquele em que se deu, mas outro, desenhado pela nossa escuta e escrita, acontece o encontro com a tensão ambivalente entre os discursos próprios da casa (íntimos, familiares) e os discursos para o mundo (estranhos).

No jogo discursivo dos docentes formadores, do pesquisador e dos estagiários, professores e/ou sujeitos da pesquisa, na passagem da vida para o texto, preocupa-nos, parafraseando Bhabha (2007:107), "*o modo de representação da alteridade*" (grifo do autor).

Tal posicionamento busca não *coisificar* os sujeitos dentro da topologia desse texto, tornando-os lineares, previsíveis, ajustados ao que desejamos dizer, desfigurados de sua problemática e da complexidade de suas vidas cotidianas. Implica em estarmos vigilantes o tempo todo em relação ao outro, respeitando as alteridades.

Implica, sobretudo, em nos mantermos críticos e atentos ao nosso cotidiano, aos sentidos atribuídos a ele, cuidando para que a nossa forma de conhecer não se sobreponha aos demais e que a nossa maneira de ver o mundo não se coloque acima dos sujeitos, como "verdade absoluta".

Alguns possíveis novos estranhamentos e familiaridades...

As indagações que nos fizemos e as reflexões que deixamos neste texto dão pistas da crise da escola e das mudanças que nossa contemporaneidade nos impulsiona a inventar.

No rastro do pensar diferente, muitas experiências, práticas e saberes cotidianos estão ganhando visibilidade e transformando a ideia da monocultura do saber para uma ecologia de saberes.

Para Santos, há na sociedade uma discrepância entre as experiências e as expectativas. Segundo o autor, "nas sociedades antigas as experiências coincidiam com as expectativas: quem nascia pobre morria pobre; quem nascia iletrado morria iletrado". Hoje é possível a quem "nasce pobre pode morrer rico, e quem nasce em uma família de iletrados pode morrer como médico ou doutor" (Santos, 2007:18).

Nesse sentido, as práticas do diálogo e das narrativas são apontadas como enfrentamentos a um dos "desafios mais fortes que temos: como fazer o silêncio falar de uma maneira que produza como autonomia e não a reprodução do silenciamento" (Santos, 2007:55).

O cotidiano escolar tem em sua composição a criação de grupos/turmas com as quais professores/as trabalham as diferentes áreas do conhecimento. Nesse movimento, narrativas são constituídas nas grandes rodas. Vale ressaltar que tais narrativas são expressas pela palavra. Estas são partilhadas em seus sentidos e significados. Consideramos que há um inesgotável e fecundo espaço de constituição de interlocuções. Ao potencializá-lo, marca-se a importância dessas narrativas e trama de novos sentidos e significados que serão construídos.

A possibilidade de reconhecer singularidades e potencialidades das narrativas de professores/as, alunos/as, estagiários/as realizadas nos cotidianos escolares constitui-se um fecundo recurso de interlocução inventivo e único estabelecido a cada movimento de narrar e escutar.

Para além de pensar sobre esses saberes como constituidores dessas narrativas, mas proporcionando aos que desejam dialogar com professores/as uma possibilidade de reconhecer as narrativas como um fecundo espaço de interlocução. Valoriza-se, então, o ato de narrar como algo que constitui e é constituído pelos seus próprios saberes e pelos saberes dos outros.

Cabe ainda ressaltar que esse patrimônio culturalmente acumulado atualmente ainda é recente para muitos professores/as, sendo assim as narrativas são a possibilidades de iniciar o pertencimento a essa trama e também se incluir nessa grande rede que representa os saberes acumulados socialmente sobre didáticas e metodologias de ensino.

Para finalizar essa reflexão, ficamos com a ideia de que é pela palavra que os sujeitos poderão conquistar a emancipação, se sentir protagonistas, inventar as próprias saídas, enfim, deixar de ser estranhos.

Nosso trabalho depende da palavra, do discurso, das narrativas e, principalmente, do diálogo.

Referências bibliográficas

ABREU, Alzira Alves de. *Intelectuais e guerreiros*: o Colégio de Aplicação da UFRJ de 1948 a 1968. Rio de Janeiro: Editora UFRJ, 1992.

BAKHTIN, Mikhail. *Estética da criação verbal*. São Paulo: Martins Fontes, 1992.

BHABHA, Homi K. *O local da cultura*. Belo Horizonte: Editora UFMG, 2007.

CERTEAU, Michel de. *A invenção do cotidiano:* 1. artes de fazer. Petrópolis: Vozes, 1994.

CHARTIER, Anne-Marie. Escola, culturas e saberes. In: XAVIER, Libânia; CARVALHO, Marta Chagas de; MENDONÇA, Ana Waleska; CUNHA, Jorge Luiz. *Escola, cultura e saberes*. Rio de Janeiro: FGV Editora, 2005.

DERRIDA, Jacques; DUFOURMANTELLE, Anne. *Anne Dufourmantelle convida Jacques Derrida para falar de hospitalidade*. São Paulo: Escuta, 2003.

KUMAR, Krishan. *Da sociedade pós-industrial à pós-moderna*: novas teorias sobre o mundo contemporâneo. Rio de Janeiro: Jorge Zahar, 2006.

MOREIRA, Antonio Flávio Barbosa. O estranho em nossas escolas: desafios para o que se ensina e o que se aprende. In: GARCIA, Regina Leite; ZACCUR, Edwiges; GIAMBIAGI, Irene (orgs.). *Cotidiano*: diálogos sobre diálogos. Rio de Janeiro: DP&A, 2005.

PRADO, G. V.; SOLIGO, R. Memorial de formação: quando as memórias narram a história da formação In: _____. (orgs.). *Porque escrever é fazer História*: revelações, subversões, superações. Campinas: Alínea, 2007.

QUIJANO, Anibal. Colonialidade do poder e classificação social. In: SANTOS, Boaventura de Sousa; MENESES, Paula (orgs.). *Epistemologias do Sul*. São Paulo: Cortez, 2010.

SANTOS, Boaventura de Sousa. *Renovar a teoria crítica e reinventar a emancipação social*. São Paulo: Boitempo, 2007.

SOUZA, Regina Maria de; GALLO, Sílvio. Por que matamos o barbeiro? Reflexões preliminares sobre a paradoxal exclusão do outro. *Educação e Sociedade*, ano XXIII, n. 79, ago. 2002.

ZACCUR, Edwiges. Por que não uma epistemologia da linguagem? In: GARCIA, Regina Leite (org.). *Método, métodos, contramétodo*. São Paulo: Cortez, 2003.

Oficinas de formação inicial docente em ciências e biologia:
uma experiência no "Prodocência" — UFRJ

Marcia Serra Ferreira
Mariana Lima Vilela
Mariana Cassab
Maria Margarida Gomes
Téo Bueno de Abreu

Introdução

Este trabalho tem como objetivo refletir sobre a nossa participação no projeto institucional "A formação docente na UFRJ: espaço de diálogo entre saberes", no período entre 2007 e 2009, produzindo e disseminando atividades de formação inicial junto a estudantes do Curso de Licenciatura em Ciências Biológicas da universidade. O projeto é parte do "Programa de Consolidação das Licenciaturas" — Prodocência — e tem como finalidade "a ampliação e a consolidação dos canais de diálogo entre os formadores de professores que atuam nas unidades acadêmicas da UFRJ, produzindo alternativas curriculares que contribuam para a melhoria da formação dos futuros professores".[1] No caso específico do Curso de Licenciatura em Ciências Biológicas, vimos planejando e realizan-

---

[1] Embora esse trecho tenha sido extraído do projeto da UFRJ que atendeu ao Edital nº 011/2006 (MEC/SESu/Depem), seu conteúdo tem se mantido como uma meta institucional desde então.

do "oficinas pedagógicas" que, em consonância com as metas do projeto, buscaram articular formadores de professores oriundos de unidades acadêmicas distintas — o Instituto de Biologia, a Faculdade de Educação e o Colégio de Aplicação —, assim como de outras escolas campo de estágio, em torno da produção de ações e de materiais didáticos que permitissem a "transformação de objetos de pesquisa em objetos de ensino".

Ao longo dos três anos de realização do projeto, as ações educativas desenvolvidas em cada uma de nossas "oficinas pedagógicas" sempre partiram da constituição prévia de grupos de trabalho, envolvendo diversos docentes, com vistas a planejar atividades de formação inicial que ocorreram no âmbito do componente curricular "Prática de Ensino e Estágio Supervisionado". De modo geral, essas atividades consistiram em palestras, debates e/ou seminários sobre temáticas relacionadas ao projeto; em aulas de caráter experimental; na produção de materiais didáticos e no uso dos mesmos na própria universidade e/ou em escolas campo de estágio; na avaliação das ações e materiais produzidos; e na confecção de publicações sobre a experiência desenvolvida. Durante todo o processo, os diversos licenciandos puderam participar de discussões relacionadas ao ensino-aprendizagem em ciências e biologia, articulando esse debate a pesquisas em áreas do conhecimento específicas e educacionais. No que se refere às atividades que foram realizadas na educação básica —isto é, as que envolveram o uso dos materiais didáticos produzidos —, podemos citar o CAp UFRJ e inúmeras escolas das redes públicas de ensino[2] como importantes instituições parceiras no desenvolvimento e execução do projeto.

---

[2] Estamos nos referindo às escolas campo de estágio cujos professores de ciências e/ou biologia aceitaram participar do projeto por meio da orientação coletiva dos materiais didáticos produzidos.

Vale também ressaltar que, no âmbito da Licenciatura em Ciências Biológicas, nossas ações têm sido potencializadas por meio de uma intensa articulação do projeto em questão com o "Projeto Fundão Biologia", um projeto de extensão pioneiro[3] que, sob a responsabilidade de docentes do Instituto de Biologia, da Faculdade de Educação (FE) e do CAp, desenvolve ações que buscam:

(a) preservar a memória do próprio projeto como um espaço produtor de políticas para a formação inicial e continuada em ciências e biologia; (b) recuperar o acervo de materiais didáticos existente no espaço físico do projeto, localizado na sala D-23 do Centro de Ciências da Saúde; (c) elaborar oficinas pedagógicas e produções didáticas voltadas para licenciados e professores da educação básica; (d) manter o sítio eletrônico do "Projeto Fundão Biologia" atualizado, desenvolvendo formas permanentes de utilização do mesmo como um espaço de formação continuada de professores; (e) promover o intercâmbio entre universidade e escolas das redes públicas por meio de ações que visam à melhoria da formação de professores e do ensino de ciências e biologia.[4]

Percebendo as ações desenvolvidas e os materiais didáticos produzidos no projeto institucional "A formação docente na UFRJ: espaço de diálogo entre saberes", em meio aos objetivos ex-

---

[3] O "Projeto Fundão Biologia" foi concebido em 1983 como parte de um projeto institucional mais amplo denominado "Projeto Fundão: Desafio para a Universidade" (Spec/PADCT/Capes). Desde então, vem funcionando ininterruptamente e foi adquirindo maior independência frente ao projeto mais amplo, tornando-se uma importante referência para licenciandos e professores de ciências e biologia no estado do Rio de Janeiro. Para saber mais, ver Fernandes et al. (2007) e Fernandes, Dantas e Ferreira (2009).

[4] Trecho extraído do projeto de extensão "Projeto Fundão Biologia", cadastrado na universidade sob a coordenação geral da profa. Marcia Serra Ferreira (FE/UFRJ) e disponível em <www.sigma.ufrj.br>.

pressos no projeto de extensão "Projeto Fundão Biologia", como alternativas curriculares que vêm nos possibilitando refletir tanto sobre o ensino de ciências e biologia quanto sobre a formação inicial docente, na próxima seção abordaremos cada uma das "oficinas pedagógicas" realizadas entre 2007 e 2009.

Apresentação das "oficinas pedagógicas" realizadas entre 2007 e 2009

Como parte das ações planejadas em cada um dos projetos institucionais submetidos ao MEC e, posteriormente, a Capes, no âmbito dos editais do "Programa de Consolidação das Licenciaturas" — Prodocência —, iniciamos nossas atividades no Curso de Licenciatura em Ciências Biológicas da UFRJ em 2007 por meio das "oficinas pedagógicas" intituladas "Temáticas da física no ensino fundamental" e "A experimentação e a química no ensino de ciências e biologia". Estas foram planejadas e executadas por docentes da FE[5] e do CAp,[6] em parceria com professores do Instituto de Física[7] e do Instituto de Química,[8] respectivamente, e foram direcionadas para problematizar aspectos da integração curricular entre licenciandos em "Prática de Ensino e Estágio Supervisionado".

---

[5] Estamos nos referindo aos professores de Prática de Ensino e Estágio Supervisionado Marcia Serra Ferreira, Maria Margarida Gomes e Téo Bueno de Abreu.

[6] Estamos no referindo às professoras do Setor Curricular de Ciências Biológicas Carla Mendes Maciel, Celina Maria de Souza Costa e Mariana Lima Vilela.

[7] Estamos nos referindo à profa. Lígia Moreira.

[8] Estamos nos referindo aos professores Iracema Takase e João Augusto de Mello Gouveia Matos.

A "oficina pedagógica" voltada para a integração dos conteúdos de ciências biológicas com temáticas da física ocorreu no curso diurno e envolveu um conjunto de atividades realizadas com licenciandos que atuavam junto ao 9º ano do Ensino Fundamental no CAp da universidade. Partindo do tema "ondas sonoras", foi produzida uma série de ações com os licenciandos que resultaram na elaboração de materiais didáticos relacionando a natureza física do som com o aspecto biológico da comunicação e da orientação animal. Assim, utilizando exemplos como os sistemas de ecolocalização de animais, como morcegos e golfinhos, e a comunicação por infrassons utilizada por elefantes, um grupo de licenciandos optou pela produção de textos didáticos voltados para a articulação de certos conceitos físicos com os sistemas auditivos de diferentes animais. Nessa mesma direção, outro grupo de licenciandos voltou-se, especificamente, para a compreensão da audição humana, confeccionando um roteiro de atividades que focalizou a construção de um modelo didático sobre o funcionamento do nosso ouvido. Nessa "oficina pedagógica", ambos os grupos puderam efetivamente utilizar suas produções didáticas com os estudantes do ensino fundamental, assim como avaliá-las em conjunto com os diversos professores envolvidos no processo.

Já a "oficina pedagógica" que integrou conteúdos de ciências biológicas e da química por meio da experimentação foi realizada no curso noturno e envolveu um conjunto de atividades realizadas com licenciandos que atuavam, nos diversos anos da educação básica, em escolas das redes públicas de ensino na cidade do Rio de Janeiro. Buscando discutir as particularidades dos experimentos escolares frente aos experimentos acadêmicos e científicos, assim como o potencial didático dos primeiros para articular conteúdos de áreas do conhecimento distintas, foram desenvolvidas atividades com os licenciandos que resultaram na elaboração de planejamentos de ensino que incluíssem articulações entre as ciências biológicas e a química por meio da experimentação didática. Como, no curso noturno, não foi possível envolver diretamente os professores das escolas campo de estágio em todo o projeto, optamos por elaborar nove roteiros de experimentos didáticos, cada um deles com um material específico para os alunos e outro para os professores da educação básica. Todas essas produções foram confeccionadas tomando como referência cada ambiente de estágio e, na medida do possível, algumas foram utilizadas em turmas da educação básica. Também nessa "oficina pedagógica", todos os licenciandos puderam avaliar as suas produções didáticas em conjunto com os professores envolvidos no processo.

Durante o ano letivo de 2008, após uma avaliação do trabalho anteriormente realizado, optamos pela produção de uma ação formativa que pudesse integrar algum docente do próprio Instituto de Biologia à nossa equipe de trabalho.[9] Com esse objetivo, planejamos e executamos a "oficina pedagógica" intitulada "O uso do terrário como recurso didático", buscando problematizar o terrário como um modelo didático capaz de integrar conteúdos e atividades em áreas como a ecologia e a fisiologia vegetal. Em ambos os cursos — isto é, o diurno e o noturno —, a "oficina pedagógica" envolveu a montagem de terrários com materiais diversos e uma decorrente problematização das potencialidades didáticas do seu uso no ensino de ciências e biologia. O debate girou em

---

[9] Isso ocorreu por meio da participação do prof. Ricardo Vieira, do Instituto de Biologia da universidade, na equipe composta por docentes da Faculdade de Educação atuantes na Prática de Ensino e Estágio Supervisionado — Juliana Marsico, Marcia Serra Ferreira, Maria Margarida Gomes, Mariana Cassab e Téo Bueno de Abreu — e do CAp — Carla Mendes Maciel, Celina Maria de Souza Costa e Mariana Lima Vilela.

torno de quatro eixos de discussão, que foram: (i) as importâncias e diferenças existentes no uso de modelos na ciência e no contexto das disciplinas escolares; (ii) a integração de conteúdos em ciências e biologia, que o uso do terrário favorece; (iii) a integração de conteúdos entre diferentes disciplinas escolares; (iv) o potencial que o mesmo possui no que se refere ao desenvolvimento de conhecimentos necessários para o estudo de assuntos referentes às ciências e à biologia, tais como a observação e a elaboração de hipóteses.

No âmbito do curso noturno, após uma atividade de confecção de terrários com a equipe do "Projeto Fundão Biologia", os licenciandos participaram de uma aula experimental de fisiologia vegetal, ministrada pelo prof. Ricardo Vieira (IB/UFRJ). Com base nessas vivências, foram produzidos planos de aula voltados para o Ensino Fundamental e para o Ensino Médio. Um grupo de licenciandos pôde, ainda, sob a orientação do professor regente da escola campo de estágio e da professora de prática de ensino, trabalhar com o terrário em turmas de Educação de Jovens e Adultos de uma escola da rede estadual do Rio de Janeiro, em ações integradas ao planejamento curricular do professor regente para o ano letivo.

Por fim, durante o ano letivo de 2009, buscamos ampliar a participação de professores da educação básica na equipe de trabalho por meio da realização da "oficina pedagógica", intitulada "Integração curricular na produção de materiais didáticos de ciências e biologia".[10] Nesse momento, buscamos envolver tais

---

[10] Nesse momento, passaram a integrar a equipe composta por professores da FE — Fábio Leite, Juliana Marsico, Marcia Serra Ferreira, Maria Margarida Gomes e Mariana Cassab — e do CAp — Aline, Diana Sayão Vieira, Fernando Soutelino, Filipe Cavalcanti da Silva Porto, Flávio Barreto, João Paulo Cabral, Mariana Lima Vilela, Priscila do

professores no planejamento das ações a serem realizadas com os licenciandos de Ciências Biológicas dos cursos diurno e noturno, no âmbito das atividades de "Prática de Ensino e Estágio Supervisionado", assim como na orientação direta dos materiais didáticos produzidos. Assim, sob a orientação dos professores do CAp da universidade e a supervisão dos professores de prática de ensino, os licenciandos do curso diurno elaboraram um conjunto de produções cuja diversidade se referiu tanto às temáticas abordadas — como "anatomia e fisiologia humana", "fotossíntese", "estrutura da membrana plasmática e transporte de substâncias", "bioacústica" e "diversidade animal" — quanto ao tipo de material didático produzido. Tal repertório envolveu a produção de "blogs", de apresentações interativas em "PowerPoint", de jogos e modelos didáticos, de apostilas e de filmes, proporcionando aos licenciandos a oportunidade de participar da autoria de materiais inovadores que, quando possível, foram integrados aos planejamentos curriculares dos professores regentes. Algumas destas produções foram apresentadas na "Semana de Arte e Cultura do Colégio de Aplicação da Universidade Federal do Rio de Janeiro", possibilitando que professores de outras áreas disciplinares e uma faixa mais ampla de alunos tivessem acesso e interagissem com os mesmos.

Quanto ao curso noturno, além dos professores do CAp e da FE, estiveram também envolvidos no planejamento e na produção dos materiais didáticos, professores de outras escolas públicas da cidade do Rio de Janeiro. Em parceria com a universidade, esses profissionais realizaram encontros periódicos com os licenciandos no espaço físico do "Projeto Fundão Biologia", colocando suas

---

Amaral e Viviane Fontes; os seguintes professores de ciências e biologia: Alexandre Jaloto, Diego Amoroso, Leonardo Kaplan, Valéria Marques e Maria Mattos.

variadas experiências profissionais a serviço da formação inicial desses estudantes. Dessa parceria, foram elaborados materiais didáticos sobre "sexo e gravidez" em formato de "fotonovela", jogos relacionados a temas como "transporte através da membrana plasmática" e "efeito das drogas no sistema nervoso", modelos de ensino relativos aos "modelos atômicos", e produções escritas relacionadas a temas de relevância social, como a "epidemia de dengue", entre outros. O conjunto das produções de temas e de metodologias diversas foi exposto em um encontro no Instituto de Biologia e contou com a participação dos professores orientadores, de licenciandos de ambos os turnos — diurno e noturno — e de professores do CAp, da FE e do Instituto de Biologia da universidade. Esse encontro foi um rico momento de socialização das experiências formativas, de integração dos diversos atores envolvidos no projeto e de avaliação das produções didáticas.

Considerações finais

Nossa experiência no projeto institucional "A formação docente na UFRJ: espaço de diálogo entre saberes", realizado entre 2007 e 2009 no âmbito do "Programa de Consolidação das Licenciaturas" — Prodocência —, tem favorecido a criação de novos caminhos para a formação dos licenciandos de Ciências Biológicas da UFRJ, colocando em diálogo docentes de diferentes unidades acadêmicas da universidade com professores experientes atuantes em escolas públicas situadas no estado do Rio de Janeiro.

Avaliamos que os trabalhos desenvolvidos nas "oficinas pedagógicas" puderam efetivamente integrar os profissionais anteriormente citados — assim como integrá-los com os licenciandos —, e os resultados da experiência levada a cabo evidenciam a importância e a necessidade de se criar oportunidades de articular os diferentes saberes na formação inicial docente. Afinal, por meio dessas ações voltadas para a produção de materiais didáticos, docentes e licenciandos puderam refletir, conjuntamente, sobre questões relacionadas ao ensino-aprendizagem na educação básica, integrando saberes disciplinares e pedagógicos na construção efetiva de saberes docentes. Instigados a refletir sobre os processos que envolvem a seleção, a organização e a mediação dos conhecimentos escolares, os licenciandos de Ciências Biológicas da UFRJ participaram de atividades formativas que, no seu conjunto, vem, desde 2007, se configurando em um importante "laboratório" de criação e de experimentação de novas práticas pedagógicas, impactando as atividades curriculares de disciplinas já existentes no curso de formação inicial docente.

Referências bibliográficas

FERNANDES, K. B.; MESQUITA, W. R.; SILVA, N. P.; FERREIRA, M. S. Memórias do "Projeto Fundão Biologia" nos anos de 1980/90: investigando ações curriculares na formação docente. In: ENCONTRO REGIONAL DE ENSINO DE BIOLOGIA DA REGIONAL 02 (RJ/ES),4., 2007, Seropédica. *Anais...* Seropédica: UFRRJ e SBEnBio RJ/ES, p. 1-8, 2007.

FERNANDES, K. B., DANTAS, B. S. & FERREIRA, M. S. Formação continuada de professores em Ciências e Biologia: investigando opções e tradições curriculares nas oficinas pedagógicas do "Projeto Fundão Biologia". In: ENCONTRO NACIONAL DE PESQUISA EM EDUCAÇÃO EM CIÊNCIAS, 2009, Florianópolis. *Anais...* Florianópolis: Abrapec, p. 1-12, 2009.

Sobre os autores

Adriana Barbosa Soares é professora do Colégio de Aplicação da Universidade Federal do Rio de Janeiro (CAp UFRJ). Licenciada em pedagogia pela Universidade do Estado do Estado do Rio de Janeiro (Uerj, 1991), especialista em Orientação Educacional (Uerj, 1996) e em Alfabetização, Leitura e Escrita (UFRJ, 2009), está cursando o mestrado em educação na UFRJ.

Adriana Fresquet é professora da Faculdade de Educação e membro do Programa de Pós-Graduação em Educação da Universidade Federal do Rio de Janeiro. Coordena o projeto de pesquisa "Currículo e Linguagem Cinematográfica na Educação Básica e o programa de extensão "Cinema para aprender e desaprender", Cinead, desenvolvendo projetos de iniciação à experiência do cinema com professores e alunos de educação básica dentro e fora da escola junto com a Cinemateca do Museu de Arte Moderna do Rio de Janeiro (MAM-Rio); o CAp UFRJ, como piloto de novas escolas de cinema na rede regular de ensino; e o Instituto de Pediatria e Puericultura Martagão Gesteira (IPPMG/UFRJ). Coordena também um curso de extensão universitária permanente aberto aos professores da rede pública de ensino, o Cineclube Educação em Tela e, a partir de 2012, novas escolas de cinema em parceria com o Instituto Nacional de Surdos e o Instituto Benjamin Constant. Coordena com Hernani Heffner (MAM-Rio) a Coleção Cinema e Educação, coedição da Booklink-Lise/UFRJ e com Milene Gusmão a Rede KINO — Rede Latino-Americana de Educação, Cinema e Audiovisual.

Carla Mendes Maciel possui graduação em ciências biológicas pela Universidade Federal do Rio de Janeiro (Licenciatura, 1999 e Bacharelado em Genética, 2000) e doutorado em Ciências Biológicas (Biofísica) pela Universidade Federal do Rio de Janeiro (2004). Atualmente é professora de ciências e biologia do CAp UFRJ, onde participa de projetos de extensão na área de ensino de ciências e biologia e coordena, ao lado de docentes da Faculdade de Educação o Cespeb — Curso de Especialização Saberes e Práticas da Educação Básica — Ênfase Ciências Biológicas.

Fernando Celso Villar Marinho é doutorando do Núcleo de Tecnologia Educacional para a Saúde — Nutes/UFRJ, mestre em Matemática nas áreas de Geometria Diferencial e Topologia Algébrica e graduado em Licenciatura pela UFRJ. Atualmente é coordenador do Grupo de Pesquisa em Tecnologias no Ensino de Matemática do "Projeto Fundão" e professor do CAp e do Curso de Especialização no Ensino de Matemática da UFRJ. Tem interesse nas seguintes áreas: metodologia para transposição didática no ensino de matemática; formação de professores e tecnologias na educação de ciências e matemática.

Filipe Silva Porto é professor do CAp UFRJ desde 1996. Mestre em Ecologia pela UFRJ e doutor em Ciências pelo Instituto Oswaldo Cruz (Fiocruz). Área de interesse: ensino de evolução e evolução humana.

Graça Regina Franco da Silva Reis é professora do CAp UFRJ. Formada em pedagogia, é doutoranda em Educação no Proped/UERJ e coordenadora do projeto de extensão "Conversas Entre Professores: a prática como ponto de encontro, outra forma de pensar a formação e os currículos praticados", uma parceria CAp UFRJ e Secretaria de Educação do município de Queimados (RJ).

Isabel Victória Lima é professora do CAp UFRJ. Bacharel em Ciências Biológicas pela UFRJ (2004), com mestrado em Biologia Marinha pela Universidade Federal Fluminense (UFF, 2007). É também licenciada pela UFRJ (2007), atuando na educação básica e no trabalho com formação de professores desde então.

Marcia Serra Ferreira possui graduação em Ciências Biológicas pela UFRJ — Licenciatura (1988) e Bacharelado em Ecologia (1989) —, mestrado em Educação pela Pontifícia Universidade Católica do Rio de Janeiro (1995) e doutorado em Educação pela Universidade Federal do Rio de Janeiro (2005). É professora adjunta da Faculdade de Educação da UFRJ, atuando como superintendente acadêmica de pós-graduação da Pró-Reitoria de Pós-Graduação e Pesquisa (PR2). Leciona na Graduação em Ciências Biológicas e no Programa de Pós-graduação em Educação da instituição. Tem experiência na área de educação, com ênfase em currículo, atuando principalmente nos seguintes temas: ensino de ciências, história do currículo e das disciplinas, formação de professores e conhecimentos escolares em ciências.

Márcia Xavier — Co-coordenadora do projeto de pesquisa e extensão Cinead, "Cinema para Aprender e Desaprender" da UFRJ, em convênio com a Cinemateca do MAM - Rio; membro da Rede Kino; professora de língua portuguesa e literatura brasileira do

CAp UFRJ; doutora em Literatura Comparada na UFRJ; associada ao Corpo Freudiano - RJ. Interesse na discussão sobre a questão do olhar, através da literatura e cinema dentro e fora do ambiente escolar.

Maria Cristina Miranda da Silva é doutora em Comunicação e Semiótica (PUC-SP, 2006), desenvolve pesquisa sobre o primeiro cinema, cinema, cinema de animação, audiovisual, fotografia, arte e educação. Professora de artes visuais do CAp UFRJ, atua na educação básica (Ensino Fundamental e Ensino Médio) e na formação de professores e coordena o projeto *Meios de Comunicação Audiovisais, Novas Tecnologias e Educação* desenvolvendo as oficinas "Ensino de Cinema, Animação e Audiovisual" e "Investigações Fotográficas" destinada a alunos da Licenciatura em Artes. Atuou junto ao Cineduc de 1988 a 1997. Atualmente participa do grupo de pesquisa Cinead/FE-UFRJ.

Maria Alice da Silva Ramos Sena possui graduação em Licenciatura Plena em Educação Artística — Habilidade Música — pela Universidade do Rio de Janeiro (1989) e mestrado em Música Brasileira pela Universidade do Rio de Janeiro (2002). Atualmente é regente do coral do Tijuca Tênis Clube e professora do CAp UFRJ. Tem experiência na área de artes, com ênfase em música e educação. É coordenadora dos projetos "Canto, Logo Existo"; "Toque... e se toque!"; "Concerto Didático do Colégio de Aplicação".

Maria Margarida Gomes é licenciada em Ciências Biológicas pela Universidade Federal do Rio de Janeiro (1984), mestre em Currículo e Ensino pela Universidade do Kansas (1995) e doutora em Educação pela Universidade Federal Fluminense (2008). É atualmente professora adjunta do Departamento de Didática da

Faculdade de Educação, da UFRJ, atuando como coordenadora de licenciaturas desta instituição. Exerce atividades de docência na Graduação em Ciências Biológicas e no Programa de Pós-graduação em Educação da mesma instituição. Tem experiência na área de educação, principalmente em currículo e suas relações com o ensino das ciências e biologia, a história das disciplinas escolares, os conhecimentos escolares, os materiais didáticos escolares e a formação de professores.

Maria Matos é professora do CAp UFRJ. Bacharel em Biologia Marinha pela UFRJ (2003) e licenciada em Ciências Biológicas pela mesma instituição. É mestre em Educação pela UFRJ (2009). É atualmente conselheira da Regional-2 da Associação Brasileira de Ensino de Biologia. Atua como professora da educação básica e com formação inicial de professores. No CAp UFRJ tem também atuado em projetos de extensão voltados para a formação continuada de professores de ciências e biologia.

Maria Naíse de Oliveira Peixoto é graduada em Geografia pela UFRJ (1988), possui mestrado (1993) e doutorado (2002) na área de Planejamento e Gestão Ambiental do Programa de Pós-graduação em Geografia desta universidade. É professora da UFRJ desde 1997, vinculada ao Núcleo de Estudos do Quaternário & Tecnógeno do Departamento de Geografia/ Instituto de Geociências, ministrando regularmente disciplinas nos cursos de Graduação (bacharelado e licenciatura) e Pós-Graduação em Geografia da UFRJ e no Curso de Especialização em Ensino de Geografia da Faculdade de Educação da UFRJ. Tem experiência na área de geociências, com ênfase em geomorfologia, atuando principalmente nos seguintes temas: geomorfologia do quaternário, análise de bacias de drenagem, evolução de encostas e cabeceiras de drenagem, processos erosivos e mapeamento geomorfológico e, na área de meio ambiente, em projetos de geomorfologia aplicada, gestão de águas e educação ambiental.

Mariana Cassab é professora adjunta da Faculdade de Educação da Universidade Federal de Juiz de Fora, tendo atuado na UFRJ entre 2008 e 2013. Formada no Bacharelado de Ecologia (1999) e licenciada em Ciências Biológicas pela UFRJ. É mestre em Educação em Ciências e Saúde pelo Nutes/UFRJ (2003) e doutora em Educação pela Universidade Federal Fluminense (2011). Foi professora do Ensino Fundamental. Atualmente é conselheira da Regional-2 da Associação Brasileira de Ensino de Biologia. Participa do "Projeto Fundão Biologia" (UFRJ) e do Grupo de Pesquisa Currículo, Docência & Cultura (CDC/UFF), com especial interesse nos seguintes temas: currículo, história das disciplinas escolares, conhecimento escolar, modelos didáticos, cultura escolar e formação docente.

Mariana Lima Vilela possui graduação em Ciências Biológicas pela UFRJ (Bacharelado em Ecologia, 1995 e Licenciatura, 1999), mestrado no Programa Eicos IP UFRJ (2000) e doutorado em Educação pela UFF (2008). Tem experiência de ensino de ciências e biologia nos níveis fundamental e médio e, na área de formação de professores para o nível de graduação. Atuou como professora do CAp UFRJ entre 2005 e 2012, participando de projetos de pesquisa e extensão envolvendo o ensino de ciências e a formação docente. Atualmente é professora adjunta da Faculdade de Educação da UFF (Feuff), atuando nos cursos de Pedagogia e Licenciatura em Ciências Biológicas. Compõe a equipe do Laboratório de Ensino de Ciências da Feuff e participa do Grupo de Pesquisa Currículo, Docência e Cultura (CDC), vinculado ao Programa de Pós-graduação em Educação da UFF.

SOBRE OS AUTORES

Natalia Rios possui, pela UFRJ, graduação em Licenciatura Plena em Ciências Biológicas (2006), graduação em Ecologia (2009) e mestrado em Educação (2011). Atualmente é doutoranda em Educação pela PUC/Rio e professora do CAp UFRJ, atuando principalmente nos seguintes temas: educação ambiental, educação ambiental escolar, e justiça ambiental.

Sandra Amaral Barros Ferreira é professora do CAp UFRJ. Licenciada em Pedagogia pela Universidade Santa Úrsula (USU, 1985), especialista em Grupos Operativos pelo Centro de Estudos Pedagógicos do Rio de Janeiro e Centro de Estudios Psicopedagógicos de Buenos Aires (Ceperj/CEP Buenos Aires, 1990), mestre em Educação pela PUC/Rio (1998), doutora em Educação pela Universidade Federal Fluminense (UFF, 2010).

Téo Bueno de Abreu possui, pela UFRJ, licenciatura em Ciências Biológicas e bacharelado em Ecologia (2003) e mestrado em Educação em Ciências e Saúde (2007). Atualmente cursa o doutorado no Núcleo de Tecnologia Educacional para a Saúde (Nutes/UFRJ) no Programa Educação em Ciências e Saúde. Desde 2009 é professor assistente da UFRJ, fazendo parte do corpo docente da UFRJ/Campus Macaé e ministrando disciplinas do núcleo pedagógico das licenciaturas em Ciências Biológicas e em Química dessa instituição. Tem experiência na área de educação, com ênfase em educação em ciências, atuando principalmente com os temas: ensino de ciências, formação de professores, divulgação científica e análise crítica do discurso.

Vânia Nunes Morgado possui graduação em Geografia pela UFRJ (1989). Atualmente é professora do CAp UFRJ.

Esta obra foi produzida nas
oficinas da Imos Gráfica e Editora na
cidade do Rio de Janeiro